Rotraut Hake-Michelmann
und Walter Uwe Michelmann

Effizient und schneller lesen

Rotraut Hake-Michelmann
und Walter Uwe Michelmann

Effizient und schneller lesen

Mehr Know-how für Zeit- und Informationsgewinn

Mit einem Geleitwort von
Prof. Dr. Dietrich Dörner

Anaconda

Die Originalausgabe erschien zuerst 1995 unter dem Titel »Effizient lesen. Das Know-how für Zeit- und Informationsgewinn« bei Gabler in Wiesbaden. Das Taschenbuch erschien 1998 unter dem Titel »Effizient und schneller lesen. Mehr Know-how für Zeit- und Informationsgewinn« im Rowohlt Taschenbuch Verlag, Reinbek bei Hamburg.

Die Deutsche Nationalbibliothek verzeichnet diese Publikation in der Deutschen Nationalbibliographie; detaillierte bibliographische Daten sind im Internet unter http://dnb.d-nb.de abrufbar.

Umschlagmotiv und -gestaltung: pecher und soiron, Köln
Layout & Satz: InterMedia, Ratingen
Printed in Czech Republic 2010
ISBN 978-3-86647-453-6
www.anacondaverlag.de
info@anaconda-verlag.de

Ein Grußwort

Sehr verehrte Leserin, sehr geehrter Leser!

Wissenschaftliche Arbeit gibt es auch außerhalb der Hochschule! Am Jubiläumstag blickten die aktiven Mitglieder der »DGfbL | Deutsche Gesellschaft für berufliches Lesen e. V.« voller Stolz auf zehn Jahre erfolgreiche Arbeit zur Förderung und Pflege beruflichen Lesens zurück.

»Effizientes Lesen«, das mit Strategien beruflicher Lesesystematik die klassische Leseleistung steigert, wird in dem gemeinnützigen Verein mit Studien der Ergonomie beruflichen Lesens begleitet. Effizientes Lesen fördert zusätzlich die Rückgewinnung der Lesesicherheit beruflicher Vielleser.

Die Lesen-Innovation »Turbo-Lesen«, die Vielleser erheblich entlastet, wird als eine zusätzliche Fertigkeit beruflichen Lesens permanent wissenschaftlich bewertet. Fachzeitschriften berichteten in den 1980er und 1990er Jahren darüber. Vgl. »www.l-i-e-s.de/aufsaetze.htm«

Windeck-Wiedenhof, am Sitz des Vereins, im Dezember 2009

WALTER UWE MICHELMANN

Deutsche Gesellschaft für berufliches Lesen e. V.
Gemeinnützig zur Förderung von Forschung und
Wissenschaft www.beruflicheslesen.de

Geleitwort

Ein Buch über Schnellesen? – Also ein Versprechen für den informationsüberladenen Geistestätigen. Endlich ein Mittel, um der Informationsflut Herr zu werden. Wirklich? Solche »Versprechen« gibt es zuhauf. »In 14 Tagen Denken lernen!« – »Trainieren Sie Ihre Kreativität!« usw. und schließlich bekommt man ein paar uralte Denksportaufgaben bzw. bunt angemalte Intelligenztests zu Gesicht. In den Bücherabteilungen der großen Warenhäuser findet man solche Ratgeber in großen Mengen. Kaufhauspsychologie! – nein, um Kaufhauspsychologie handelt es sich beileibe nicht bei diesem Buch!

Ich habe das Buch mit großer Skepsis zu Hand genommen. Da ich selbst sehr viel lese, meine ich, relativ viel Erfahrung mit dieser Tätigkeit zu haben und auch eine große Fertigkeit darin. Aber, ganz kurz gesagt: Das Buch war mir nützlich. Viele Dinge über das Lesen habe ich ganz neu gesehen und bin durch das Buch sehr nachdenklich geworden. Es ist alles, nur keine Ansammlung leicht zu befolgender Patentrezepte. In dem Buch wird das Lesen als das behandelt, was es ist, nämlich als ein höchst komplizierter Dialog des Buchautors mit seinem Leser. Es geht in dem Buch des Ehepaares Michelmann nicht um die pure Steigerung der Geschwindigkeit der Buchstaben- oder Wortidentifikation, um das reine Training der Lesegeschwindigkeit. Es geht auch darum. Es geht aber im wesentlichen darum, aus dem Text denjenigen Teil des Inhalts herauszuholen, den man benötigt und der drin ist. Es gibt auch nicht das Buch oder den Lesestoff, man kann nicht alles über einen Kamm scheren. Die Techniken, kleinen Tricks und Verfahren der Michelmann-Methode werden den verschiedenen Typen von Lesematerial und den verschiedenen Zwecken, die der Leser verfolgt, gerecht. – Man merkt, daß die Autoren wissen, wovon sie schreiben. Man merkt es an Kleinigkeiten, zum Beispiel an dem Plädoyer für den alten, lieben Zettelkasten, der für viele Zwecke dem raffinierten Computer-Dokumentations-Programm überlegen ist, da eben doch so einfach verwendbar. – Und das alles ist nicht trocken abgehandelt, sondern humorvoll und garniert mit vielen Anekdoten – nein! »garniert« ist ganz falsch, denn keineswegs dienen die Anekdoten zur Verzierung, vielmehr sind sie wesentliche Bestandteile des Textes, Modelle, Beispiele, in denen sich manch ein Leser wiedererkennen wird. – Ich bin sicher, daß das Buch jedem, der es mit Verstand liest und der über die vorgeschlagenen Methoden nachdenkt und sie übt, von großem Nutzen sein wird.

Bamberg, im Dezember 1994
DIETRICH DÖRNER*

* Dietrich Dörner war 1994, als er das Geleitwort schrieb, Professor für Psychologie an der Universität Bamberg mit dem Forschungsschwerpunkt »Kognitive Psychologie«. 1986 erhielt Dietrich Dörner den Leibnizpreis der Deutschen Forschungsgemeinschaft.

Vorwort

Liebe Leserin, lieber Leser,

Lesezeit ist rar. Oft lesen Sie nicht, was Sie lesen müßten. Sie lesen quer, wo Sie genau zu lesen hätten. Oder Sie lassen sich berichten und nehmen kommentierte Bilder auf. Das ist zwar nützlich – kann aber das Lesen nicht ersetzen. Die Lösung in allen Leselagen: effizient lesen.

Nun beherrschen Sie aber wahrscheinlich bereits Techniken und Strategien, mit denen Sie besser lesen als andere. Doch auch dann, davon sind wir überzeugt, haben wir Ihnen noch etwas zu sagen.

Denn mit besserem Lesen beschäftigen wir uns, das lesen Sie in den Vorbemerkungen, seit 1979. In diesem Lesebuch machen wir Sie mit Techniken und Strategien bekannt, mit denen Sie ergonomisch richtig und ökonomisch lesen. Es enthält aber weder Übungstexte noch Verständnisfragen. Können Sie doch die Methoden, die wir Ihnen vorschlagen, an jedem Ihrer Texte erproben. Und an Lesestoff, nehmen wir an, wird es Ihnen nicht mangeln.

Windeck (Sieg), im Dezember 1994

ROTRAUT HAKE-MICHELMANN | WALTER UWE MICHELMANN

Abbildungen

INHALT

Kapitel III: Überblicken mit System

Kapitel V: Souverän lesen

Vorbemerkungen

1 | Zum Umgang mit diesem Buch

Das ist ein Lesebuch. Streifen Sie darin umher und lesen Sie, wo Sie mögen. Suchen Sie sich aus, was Sie gebrauchen können

Beginnen wir gleich mit etwas Praktischem. Wenn Ihnen dieses Buch gehört, machen Sie es sich handgerechter. Denn neue Bücher schnappen sofort zu, die Seiten schlagen zurück. Das Buch widersetzt sich dem Bearbeiten. Dem sollten Sie sich widersetzen, aber nicht, indem Sie ihm den Rücken brechen. Knicken Sie es nur vorsichtig längs nach hinten über den Buchrücken. Wenn die Seiten noch zurückfallen, streichen Sie kräftig dort nach, wo sie gebunden sind. Und das gut verteilt, am Anfang, am Ende und in der Mitte des Buches.

Am besten benutzen Sie Ihren Handballen, wobei das Buch auf dem Tisch liegt, mal auf dem Cover, mal auf den Buchseiten (vgl. Abb. 1). Ein Taschenbuch können Sie speziell behandeln. Nehmen Sie es so in beide Hände, daß der Buchrücken zu Ihnen zeigt und das Cover nach oben. Sie greifen dabei beherzt zu und rollen das Buch zusammen: mal mit dem Cover nach innen, mal nach außen. Vielleicht haben Sie schon einmal Ihre Zeitung so gerollt. Doch ein Taschenbuch ist stabiler, nimmt seine Buchgestalt wieder an und ist dann zum Durchblättern bereit.

Wenn Sie dieses Lesebuch durch Knicken vorbehandelt haben (ein gut gebundenes Buch muß das aushalten), brauchen Sie nur eine Sekunde oder weniger für jede Doppelseite. Sie können also seine 224 Seiten in 112 Sekunden durchblättern. Wir schlagen Ihnen vor, daß Sie die Stelle am Ende dieses Absatzes mit einem Haftzettel markieren, der über die Schnittkante des Buchrandes hervorlugt, damit Sie nach dem Blättern leicht wieder dorthin finden. Lösen Sie sich nunmehr von Wörtern und Zeilen und gehen Sie das Buch als

Ganzes an: Blättern Sie es von vorne nach hinten durch, und zwar im Sekundentakt oder rascher, konsequent in einem Durchgang. Sie lassen sich also für jede Buchseite höchstens eine halbe Sekunde Zeit. Lesen ist das zwar nicht, aber dieses systematische Überblicken erweist sich als nützliche Technik, Lesezeit einzusparen und trotzdem informiert zu sein. Mehr erfahren Sie darüber im dritten Kapitel.

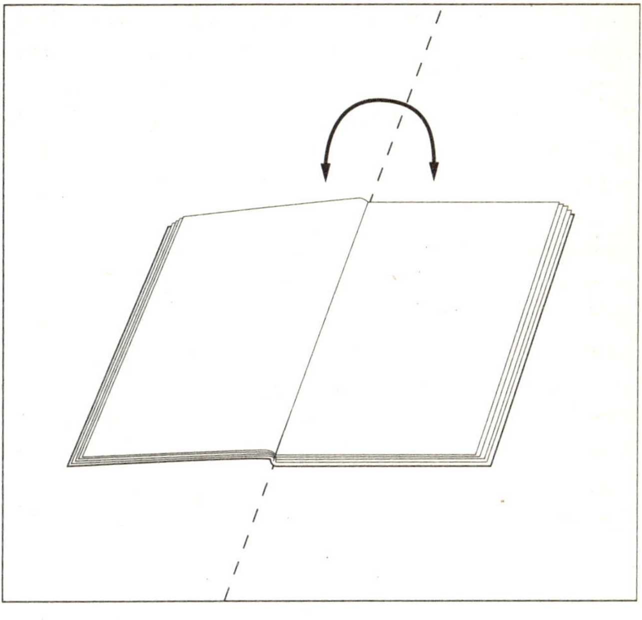

Abbildung 1 | Buchknick

Denn während Sie zum Beispiel dieses Lesebuch so durchgeblättert haben, konnten Sie unter anderem erkennen, daß wir das Wichtigste mit Grafiken und Abbildungen betonen und exemplarisch zusammenfassen mit von uns so genannten Textbildern (einer Methode, die wir im zweiten Kapitel erläutern).

Mit unserer Vorschau wollen wir Ihnen beim Entscheiden helfen, welche Abschnitte in diesem Buch Sie zuerst lesen. Erfahrene Leser beginnen selten am Anfang und enden am Schluß. Wir informieren Sie, welche Kapitel Sie mit welchem Nutzen bearbeiten können. Sie bekommen hier einen Einstieg in die fünf Kapitel, damit Sie beim Kreuz-und-quer-Lesen nicht den roten Faden verlieren.

In den Kapiteln II, III und IV finden Sie Vorschläge, wie Sie besser lesen:

- Textbild, ein persönliches Meßinstrument für das Ergebnis Ihres Lesens (Kapitel II)
- systematisches Überblicken und weitere Strategien, Massen von Lesestoff zu bewältigen, so daß Sie informiert sind, ohne gelesen zu haben (Kapitel III)
- Lesen mit System; wenn Sie denn schon lesen müssen, dann besser mit System, damit Sie keine Zeit vergeuden (Kapitel IV)

Die Ergonomie, die Möglichkeiten und Grenzen des Lesens sowie die Grundlagen dazu beschreiben wir in Kapitel I und V:

- Sie lernen die Sinnesphysiologie des Lesens kennen – und nutzen dies, um Ihr Lesen ergonomisch richtig zu gestalten (Kapitel I)
- Sie lernen die Psychologie und die Neurologie des Lesens verstehen
- Sie erfahren, wie Sie schneller lesen, ohne Informationen zu übersehen oder Ihre Lesesicherheit zu gefährden (Kapitel V)

Die Kapitel I und V enthalten zudem die Fakten zum Lesen, die jedem nützen können, der liest. Sie erfahren, was am Lesen selbstverständlich und, obwohl natürlich, überraschend ist. Denn die meisten Erkenntnisse zum Lesen sind noch wenig bekannt. Oder sie sind wieder vergessen worden.

Wir haben unser Buch als Lesebuch geschrieben: Sie brauchen nicht den fünf Kapiteln zu folgen, sondern können die 50 Abschnitte in beliebiger Reihenfolge lesen. Der kleine Vorspann, den Sie unter den Titeln der einzelnen Abschnitte finden, soll Ihnen helfen zu erkennen, welche Teile Sie interessieren und Ihnen am meisten nützen.

Die Zwischenbemerkungen erleichtern es Ihnen, jene Teile des Buches besser zu verstehen, die wir für nicht so leichte Kost halten.

Rasch informiert werden Sie an einigen Stellen des Buches. Dort finden Sie jeweils ein Textbild »Schnell im Bild«. Das erläutern wir dann jedesmal »Rasch informiert«. Wir wollen Sie mit diesen Beispielen anregen, selbst Textbilder von anderen Teilen des Buches anzufertigen, die Ihnen wichtig sind.

Zusätzlich wollen wir Sie mit diesem Buch ermuntern, Ihr Lesen ergonomisch richtig zu organisieren. Mit der Kenntnis der richtigen Ergonomie des Lesens können Sie prüfen, wie Sie nicht nur das Verarbeiten von Informationen, sondern auch deren Aufnahme verbessern, ohne sich zu schaden. Manches in unserem Buch wird Ihnen vielleicht wenig vertraut und neu vorkommen.

2 | Zwei Lesegeschichten

Durch Lesenot und Lesestörung kamen die beiden Autoren – über manche Irrwege – zum effizienten Lesen

Lesemethoden, die die Schule nicht lehrt, lernte der Autor zum ersten Mal während seines Studiums kennen. Seine eigene Lesenot motivierte ihn, danach zu suchen. Denn er hatte ein Thema für seine Diplomarbeit gewählt, für die besonders viel zu lesen war: neben umfangreicher Literatur auch noch Akten, meterweise. Und dazu fehlte ihm die Zeit – auch weil er nebenher arbeiten mußte. Der Abgabetermin rückte immer näher, als sich endlich eine Lösung anzubieten schien. Ein Aushang am schwarzen Brett der Heinrich-Heine-Universität in Düsseldorf versprach jedem, der einen entsprechenden Kurs an der Volkshochschule belegen würde, daß er danach drei- bis zehnmal so schnell lesen könne: »Drei- bis zehnfache Leseleistung durch Dynamisches Lesen.« Das klang verlockend – und der Autor meldete sich an. Seitdem befaßt er sich mit den verschiedensten Antworten auf die Frage: »Wie kann man effizient lesen?«

Das dynamische Lesen versprach vor allem schnelleres Lesen. Der erste Kontakt damit endete jedoch für den Autor vorzeitig. Aus Zeitnot brach er den Kurs ab und las für seine Diplomarbeit doch nach der althergebrachten Methode. Gleichwohl ließ ihn die Idee nicht mehr los, mit einer speziellen Technik in Windeseile Bücherberge und Aktenberge abtragen zu können. Also wandte er sich an den Verfasser des Kursmaterials, der an der Ruhr-Universität in Bochum lehrte. Der Professor, ein Psychologe und Mediziner, hatte eine Schar junger Menschen um sich versammelt, die er für das Dynamische Lesen begeistern konnte. Er instruierte seine Anhänger und sandte sie aus, an Volkshochschulen die neue Art des Lesens zu lehren – und

Tausende Kurshefte zu verkaufen. Der Professor hatte einen Eifer, der missionarisch war. Davon ließ sich auch der Autor anstecken. Und 1978 begann er an der Volkshochschule Bonn, das Dynamische Lesen zu lehren. Dabei lernte der Autor seine Ehefrau kennen, die zusammen mit ihm dieses Buch geschrieben hat. Die Autorin hatte damals keine gute Meinung von Lesekursen. Denn ein solcher hatte bei ihr soeben Lesestörungen bewirkt. Ihr Medizinstudium hatte sie unterbrechen, sich ganz langsam wieder mit Comics an störungsfreies Lesen herantasten und wieder hocharbeiten müssen zur Fachliteratur.

Heute wissen wir: Die Autorin hätte einen solchen Kurs nie besuchen dürfen. Denn sie gehörte zu den »Grenzgängern«, die schon sehr schnell und darum gefährlich lesen, von denen wir im fünften Kapitel (45. Abschnitt) berichten. Bücher in großer Zahl waren ihr seit ihren frühesten Leseanfängen vertraut. Den Bücherschrank des Vaters, eines promovierten Chemikers, las sie leer. Und durch das »Wilde Kurdistan« des Karl May reiste sie in drei Stunden. Noch heute genießt sie so ganz nebenbei drei Bände »Der Herr der Ringe« von J. R. R. Tolkien.

Die Autorin nahm sich damals vor, anderen zu ersparen, was ihr im Lesekurs widerfahren war. Darum verlangte sie, Physikerin, den naturwissenschaftlichen Ansatz zu beachten: Zählen und messen statt vermuten. »Die Wissenschaft ausbeuten für den konkreten Nutzen« – dieser Leitspruch, dem Autor von einem Journalisten in den Mund gelegt, könnte eher von der Autorin stammen. Plakativer sprach einmal ein Nachrichtenmagazin von einer »selbstgestrickten Lesetheorie«, die dabei entstanden sei und deren erste Maschen wir, die Autoren, bereits 1980 aufnahmen. In diesem Jahr leiteten wir erstmals unsere Kurse Dynamisches Lesen gemeinsam. Innerhalb von sechs

Jahren gaben wir rund 100 Lesekurse an Volkshochschulen zwischen Eifel und Siegerland.

Die Nähe zur Universität Bonn zwang und half uns, kritisch zu prüfen, was und wie wir lehrten. Das wurde wichtig, denn das Kursmaterial zum Dynamischen Lesen, das wir immer noch benutzten, bereitete unseren Leseschülern große Probleme. Immer wieder schimpften sie zum Beispiel über Übungen, die angeblich die Blickspanne erweitern sollten. Sie fragten, warum sie Wortpyramiden sowie kegelförmig über- und untereinander gedruckte Satzfragmente lesen mußten, obwohl so etwas üblicherweise in Texten gar nicht vorkommt. Diese Frage richteten wir an den Verfasser des Materials. Der antwortete: »Damit wird das periphere Lesen geschult.«

Erst eine sehr blamable Kursstunde schaffte uns Klarheit. Ein Oberarzt der Universitäts-Augenklinik Bonn belehrte uns, seine Leselehrer: »Mit dem peripheren Sehen, daß Sie nutzen wollen, sieht der Mensch überhaupt nicht scharf genug, um Buchstaben lesen zu können.« Unsere Ohren wurden rot. Mit den Worten »Da gibt es nichts zu trainieren« empfahl uns der Augenarzt »einen Blick in die Fachliteratur«. Wir stellten fest: Der Arzt hatte recht. Das Kursmaterial mußte neu gestaltet werden. Doch dagegen sträubten sich der Bochumer Professor und seine Anhänger. Soeben hatten sie Tausende Kurshefte neu drucken lassen. Einstampfen wäre zu teuer gewesen.

Außerdem glaubte uns der Professor nicht, daß das periphere Lesen schlicht unmöglich ist. Die geringe Bereitschaft der Gruppe, über das Kurskonzept nachzudenken, mag auch daher gerührt haben, daß nur wir jedes Semester aus der Arbeit mit 100 Teilnehmern Erfahrung sammeln konnten. Die anderen waren hingegen froh, wenn überhaupt ein Kurs zustandekam. Wohl auch deswegen waren sie nicht bereit, unsere Kursprotokolle mit auszuwerten, wie es geplant gewesen war. Letztendlich trennten wir uns von der Gruppe.

Nun erstellten wir, gestützt auf die Ergebnisse unserer Arbeit, unser eigenes Material in stets sehr kleiner Auflage. Wir werteten unsere Trainingsprotokolle jetzt selbst aus. Gemessen haben wir zum Beispiel die Aufnahmegeschwindigkeiten von rund 1.000 Kursteilnehmern. Dabei beobachteten wir, daß die meisten mit einem Tempo von rund 240 Wörtern in der Minute lasen, obwohl wir unterschiedlich schwierige Testtexte vorlegten. Und wir stellten bereits damals fest, wie schwierig es ist, die Leseleistung zu messen.

Als wir die Trainingsergebnisse unserer Leseschüler mit dem verglichen, was wir ihnen versprochen hatten, eine drei- bis zehnfache Leseleistung, mußten wir erkennen: Noch etwas stimmte nicht mit dem Kursmaterial »Dynamisches Lesen«. Denn nur die Kursteilnehmer lasen sicher, die ihr zehnfaches Ausgangstempo erreicht oder überschritten hatten. Diejenigen, die langsamer waren, fühlten sich unsicher. Daraus schlossen wir: Die zehnfache Geschwindigkeit ist die Untergrenze für schnelles Lesen, konnten uns das aber zunächst nicht erklären.

Ebenso konnten wir uns nicht erklären, was wir regelmäßig beobachten: Daß es möglich ist, mit bis zu zehntausend Wörtern in der Minute sicher zu lesen. Es wurde auch immer wieder neu von uns verlangt, plausibel darzustellen, wie dieses Schnell-Lesen (Turbo-Lesen) funktioniert, mit dem in bis zu vierzigfacher Geschwindigkeit gelesen werden kann. Dies umfassend zu beschreiben würde eines weiteren Buches bedürfen. In diesem erläutern wir einiges in den Abschnitten, die das Sehtempo, die Sehfläche und das

Subvokalisieren beschreiben. Denn dort drängen sich Fragen zum Turbo-Lesen geradezu auf.

Seit 1979 arbeiten wir am besseren Lesen. Zunächst glaubten wir, dies sei vor allem schnelleres Lesen. Doch parallel zu den Kursen im Dynamischen Lesen haben wir zusätzlich solche abgehalten, bei denen das Lesetempo keine Rolle spielte. In diesen lehrten wir Arbeitstechniken, die das Lesen sinnvoll begleiten können. Dabei haben auch wir viel gelernt: über die Lesepraxis von Kopfarbeitern, die in ihrem Beruf viel und gründlich lesen müssen – und wie es gelingen kann, nur wenig zu lesen und trotzdem informiert zu sein. Diese Techniken haben wir zusammengetragen und weiterentwickelt. Hier beschreiben wir sie.

Während das Schnell-Lesen, das Turbo-Lesen, nur wenige brauchen und es aufwendig trainiert und das Erlernen begleitet werden muß, profitieren hingegen alle, die lesen müssen, von den Techniken und Strategien, effizient zu lesen, die wir hier darstellen. Sie kann jeder unmittelbar in seinem Beruf einsetzen. Und es ist möglich, sich diese – im Gegensatz zum Turbo-Lesen – im Selbststudium zu erarbeiten.

Mit diesem Buch können Sie das leisten.

Kapitel I

Fakten zum Lesen

3 | Die Augen

Gar nicht banal: Wer besser lesen will – muß gut sehen können

Die schnelle Antwort auf die Frage, was bei der Arbeit wesentlich sei, klingt häufig so: Entscheidend ist, was dabei herauskommt. Im Vordergrund des Interesses stehe der Output, wie es neudeutsch heißt. Aber auch der beste Computer arbeitet nicht ohne Input. Beim Lesen ist mindestens so wichtig, was durch die Augen hereinkommt. Denn was nicht in den Kopf gelangt, kann das Gehirn nicht verarbeiten. Was unsere Augen nicht sehen, können wir nicht lesen.

Wer sich über das Lesen informieren will, muß bei den Augen anfangen. Gutes Sehen ist für viele Berufe eine wichtige Voraussetzung. Ein Farbenblinder kann nicht Pilot werden. Und wer schielt, darf weder ein Taxi noch den Bus chauffieren. Jeder Autofahrer muß zwar (noch) nicht wiederholt seine Augen testen lassen, aber zumindest einmal vor der Führerscheinprüfung.

Anders ist das in den Berufen, in denen die Augen vorwiegend zum Lesen gebraucht werden, in denen Lesen alltäglich ist. Niemand verlangt eine regelmäßige Sehprüfung für Berufsleser, wie Lektoren und Juristen, Manager und Journalisten. Die Augenvorsorge bleibt ihnen selbst überlassen, obwohl alle vorzüglich sehen und lesen können sollten. Leider ist viel zu wenig bekannt, daß sich die Sehschärfe auch bei jüngeren Menschen verändern kann.

Wem das Lesen im Beruf beschwerlich wird, der denkt selten daran, daß das an seinen Augen liegen könnte. Zunächst versucht er, sich einfach besser zu konzentrieren. Das gelingt aber so einfach nicht, meist gar nicht. Denn je mehr er sich bemüht, beim Lesen konzentriert zu sein, desto weniger konzentriert ist er. Die Psychologen nennen einen solchen Versuch »Sei-spontan-Paradoxie« (vgl. Watzlawick / Weakland / Fisch: CHANGE).

Dafür ein anderes Beispiel: Jemand spricht Sie an: »Seien sie doch ein bißchen lockerer, Sie wirken so verkrampft.« Bis jetzt hatten Sie sich wohlgefühlt, aber nun sind Sie verspannt – weil Sie angespannt versuchen, entspannt zu wirken. Nach dem vergeblichen Versuch, sich zu konzentrieren, greift der geplagte Leser oft zu Kaffee oder Vitaminen. Oder er schluckt sogar Tabletten, weil ihm der Schädel brummt – was aber vielleicht gar nichts mit dem Lesen selbst zu tun hat. Ursachen für Kopfweh oder Augenschmerzen können verschiedene Augenkrankheiten oder andere Erkrankungen sein. Auch das Angestrengtsein beim Lesen kann von den Augen und muß nicht vom schwierigen Inhalt des Lesestoffs herrühren.

Doch an die Augen denkt zunächst kaum jemand. Statt dessen wird zum Teil auf abenteuerliche Weise zu erklären versucht, warum das Lesen schwerfällt und die Leseleistung unbefriedigend ist. Manchmal müssen dafür sogar das schlechte Betriebsklima oder mangelnde Konzentration des Lesers herhalten.

Wie wenig sich manche Menschen um Ihre Augen kümmern, zeigt Ihnen folgendes Beispiel: Ein Verwandter von uns war ein gefürchteter Beifahrer. Er beschimpfte den Fahrstil auch des vorsichtigsten Fahrers als »riskant« und »saumäßig«. Regelmäßig stand ihm der Angstschweiß im Gesicht, wenn nur ordentlich rechts gefahren, erst recht wenn eingeparkt wurde. Ganz zu schweigen von Überholvorgängen – da geriet unser Verwandter jedesmal in Panik. Erst im Sehtest für seinen Führerschein stellte sich heraus: Er ist stark kurzsichtig. Er bekam eine Brille mit einer Gläserstärke von 3,5 Dioptrien verordnet. Seit eine Brille sein verschwommenes Weltbild schärft, ist er jetzt auch ein angenehmer Beifahrer. Denn er kann die jeweilige Verkehrslage klar sehen, erkennen und einschätzen.

Es war nicht Eitelkeit, die unseren Verwandten am Tragen einer Brille gehindert hätte. Nein, er hatte es wirklich nicht gewußt, daß er kurzsichtig ist. Niemand war vorher auf die Idee gekommen, seine Sehfähigkeit prüfen zu lassen.

Es klingt banal: Auch zum Lesen brauchen wir scharf sehende Augen. Wer eine Brille trägt, sollte seinem Augenarzt glauben und mindestens alle zwei Jahre seine Sehschärfe prüfen lassen. Menschen ohne Brille sollten sich ebenfalls regelmäßig einer Sehprüfung unterziehen. Lesebrillen brauchen manche schon in jungen Jahren. Wir kennen einen Arzt, der benötigte sie bereits mit dreißig Jahren und hat das selbst nicht bemerkt.

Dem Beispiel von dem schwierigen Beifahrer können Sie auch entnehmen, daß manch einer halb blind ist, ohne es zu bemerken. Das schreibt auch das »Kuratorium Gutes Sehen« in einer Broschüre: »Etwa jeder achte bundesdeutsche Kraftfahrer – das sind rund 3,6 Millionen Auto- und Zweiradfahrer – würde den in der Straßenverkehrs-Zulassungsordnung für Führerschein-Bewerber vorgeschriebenen Sehtest nicht bestehen, wenn er wiederholt werden müßte. Allein über sieben Prozent der Fahrerlaubnis-Inhaber haben eine Sehschärfe, die am Tage weniger als 50 Prozent beträgt.«

Wenn Ihre Augen nur die Hälfte leisten, ohne daß Sie davon wissen, gefährden Sie beim Lesen damit – nur – Ihre eigene Gesundheit. Schweifen Sie bereits nach kurzer Lesezeit ab, brennen häufig Ihre Augen oder tut Ihnen sogar der Kopf beim Lesen weh, sollten Sie einen Augenarzt aufsuchen, anstatt zur Tablette zu greifen. Nehmen Sie unbedingt zusätzlich Ihren Leseplatz kritisch in Augenschein. Dazu schreiben wir einige Seiten später mehr.

4 | Wenn aber das Lesen Arbeit ist …

… tritt der Spaß daran zurück – doch darüber gibt es kaum Erkenntnisse

Erlebnislesen ist ein Freizeitvergnügen. Wenn aber das Lesen Arbeit ist, tritt der Spaß dabei zurück. Nach vorne tritt der Faktor Zeit und die Forderung nach Effizienz der Lesearbeit. Für den Berufsleser ist darum der Lesespaß als Gegenstand der Forschung wenig interessant. Sein Lesen ist Arbeit und kostet ihn viel Zeit. Leseforschung kann ihm nur nützen, wenn sie diese Fragen untersucht:

- Wie bekomme ich die erforderlichen Informationen mit möglichst wenig Lese aufwand?
- Wie kann ich das Lesen möglichst effektiv und zeitsparend gestalten?
- Und wie organisiere ich mein Drumherum, damit ich optimal lese?

In diesem ersten Kapitel stellen wir dar, wie es möglich ist, daß wir Schriftzeichen aufnehmen und erkennen, ihren Sinn erfassen und mithin lesen können. Denn was nicht in den Kopf hineingelangt, kann er nicht verarbeiten. Die Augen sehen den Text, der Kopf verarbeitet ihn, dann liest der Mensch. Daß dieser Zusammenhang untersucht worden wäre, dafür konnten wir bisher keinen Beleg finden.

Wenn aber das Lesen Arbeit ist, muß es wie jede andere Arbeit auch vorbereitet und optimiert werden. Auf die Idee,

Lesen als Arbeit zu untersuchen und die Bedingungen und Voraussetzungen zu klären, damit man es verbessern kann – darauf scheint bisher niemand gekommen zu sein. Zumindest ist uns in Jahrzehnten trotz unserer intensiven Suche nichts dergleichen begegnet.

Um so häufiger begegnen wir aber der Forderung, man solle sich vor dem Lesen richtig motivieren, damit es nicht kontraproduktiv werde: »Any attempt to improve your reading must begin with motivation.« (Ron Fry: Improve your reading, Seite 10) Und weiter unten auf derselben Seite: »... I will address a number of very practical techniques that are sure to increase your reading comprehension. But they are just techniques. You'll invariably find them utterly useless if your are not motivated to read in the first place.«

Frei übersetzt: Wenn Sie nicht ausreichend motiviert sind, nützen Ihnen meine Lesetechniken nichts. Fry erläutert allerdings nirgends in seinem »Career Press Book«, wie das denn gehen soll, sich motivieren. Es sind Techniken beschrieben, die helfen können, Leseverständnistests besser zu bestehen. Die nützen aber einem erfahrenen Leser im Beruf wenig. Wir jedenfalls fühlen uns auf den Arm genommen, wenn uns jemand empfiehlt, aus einem Text bitteschön den Hauptgedanken herauszufinden – oder uns spezielle Fakten zu merken, die der Autor von Multiple-Choice-Fragen zum Text für relevant gehalten hat. Solche Ratschläge nützen vielleicht wenig erfahrenen Lesern. Und der Vorschlag, sich vorher zu motivieren, ärgert den, der viel lesen muß.

Das Lesen ist generell ein Stiefkind der Forschung. Wir haben in medizinischen Standardwerken versucht herauszufinden, wie wissenschaftliche Erkenntnisse über das Sehen auf das Lesen angewandt werden. Dabei stellten wir fest: Entweder wird das Lesen gar nicht erwähnt. Das heißt, es wird nicht untersucht, was das Besondere des Sehens beim Lesen und was dabei alles zu beachten ist. Oder es haben sich Erklärungen über den Sehvorgang eingeschlichen, wenn dieser zum Lesen führt, die wissenschaftlich nicht haltbar sind – und das sogar in medizinische Standardwerke. So im »Grundriß der Sinnesphysiologie«, in dem Angaben darüber fehlen, was denn eigentlich den Augen dargeboten wurde, als man ihre Bewegung (die Saccaden) beim Lesen aufzeichnete. Es wird nur berichtet, daß zwei Texte vorgelegen haben, die inhaltlich unterschiedlich schwierig gewesen seien: eine Autobiographie von Albert Schweitzer und eine »Einführung in die Philosophie« von Georg Wilhelm Friedrich Hegel.

Nichts erfährt man darüber – und das wäre für die Deutung der Ergebnisse unverzichtbar zu wissen:

- War die Schriftgröße in beiden Texten gleich?
- Wie weit war der Zeilenabstand im Verhältnis zur Schriftgröße?
- In welchem Sehabstand wurde der Text gelesen?
- Wie viele Wörter wurden in jeder Zeile dargeboten?
- Wurde der Text im Ganzen gelesen oder wurde nur exemplarisch die Augenbewegung für wenige Zeilen gemessen?
- Wie stark war der Kontrast zwischen Schrift und Papier?

Wie bedeutsam es ist, solche Fragen zu klären, bevor die Ergebnisse gedeutet werden, verstehen Sie, wenn Sie dieses Kapitel zu Ende gelesen haben. Wir sind davon überzeugt: Für die Augen ist es zuallererst wichtig, wie gut das optisch gestaltet ist, was sie betrachten. Wie leicht oder schwer es aber ist, das Gesehene zu verstehen – das hängt auch stark vom Betrachter und seinem Leseumfeld ab. So kann, sagen wir einmal, Mickymaus ein schwierigerer Lesestoff sein als

Sören Kierkegaard. Übertrieben? Nun, stellen Sie sich doch folgendes vor:

Nach einem anstrengenden Arbeitstag fahren Sie mit der Bahn nach Hause. Vor Ihrem Sitz liegt ein zerknittertes Mickymausheft. Sie heben es auf und lesen los. Die Seiten des Comics sind vergilbt, die Buchstaben schwer zu erkennen. Dazu flackert die Deckenbeleuchtung. Und die Bahn ruckelt. So wackeln die Buchstaben, ohnehin recht klein gedruckt, vor Ihren Augen. Davon wird Ihnen schlecht und Sie geben auf, legen das Mickymausheft zurück.

Zu Hause angekommen, stärken Sie sich erst einmal mit einem guten Abendessen. Entspannt lehnen Sie sich dann in Ihren weichen Ledersessel zurück – und nehmen ein Buch des Philosophen Kierkegaard zur Hand. Weil er Ihr liebster Denker ist, haben Sie sich eine Luxusausgabe geleistet, in Leder – und mit groß gedruckten Buchstaben. In aller Ruhe beginnen Sie zu lesen. Bald denken Sie zusammen mit dem Dänen nach, ob es ein System des Daseins gibt …

Sicher ein extrem konstruiertes Beispiel. Doch es macht deutlich: Ob ein Text leicht oder schwer zu lesen ist, hängt eben nicht nur davon ab, ob Schweitzer oder Hegel gelesen wird. Wir schätzen beide Texte als schwierig ein – andere mögen beide leicht finden. Also ist es zumindest gewagt zu interpretieren, »rückwärtsgerichtete Saccaden treten außer beim Zeilenwechsel besonders gehäuft bei schwierigen Texten auf«, wie es die Autoren des erwähnten Beitrages schreiben (Unterzeile zur Abbildung 5–40 a. a. O.). Die Autoren verraten im übrigen nicht, ob die beiden Texte, die im Experiment vorlagen, von ein und derselben oder von zwei verschiedenen Personen gelesen wurden.

Sie sehen also: Es ist nicht notwendig, sogleich das Verstehen zu bemühen, wenn man die Augenbewegungen beim Lesen erklären will. Da gibt es zunächst eine Fülle von Faktoren außerhalb des Kopfes, die wichtig sind.

Diese zu kennen lohnt sich. Denn Sie können diese verändern – und somit verbessern. Wenn Sie Texte gut verstehen und behalten müssen, hilft Ihnen das. Die Willenskraft, das haben Sie bestimmt schon erfahren müssen, nutzt beim Lesen wenig. Denn sich selbst zwingen zu wollen – das verkrampft. Das richtige Umfeld hingegen macht es Ihnen, wenn Arbeitslesen für Sie alltäglich ist, sehr viel leichter.

5 | Was im Kopf passiert – wie kann man das messen?

Ob jemand ein guter Leser ist, wer kann das beurteilen? Doch nur er selbst!

Wer »Lesen« sagt, meint meistens beides: Vorgang und Ergebnis, Aufnehmen und Verarbeiten zugleich. Was davon läßt sich messen? Objektiv läßt sich nur die Geschwindigkeit messen, in der ein Lesestück aufgenommen wird. Was dabei verstanden und behalten wird, ist subjektiv. Ob das Ergebnis des Lesens gut war oder schlecht, das kann nur der Leser selbst beurteilen. (Dazu liefern wir in Kapitel II mit dem Textbild das Instrument.)

Eins ist sicher: Wer beruflich liest, kann lesen. Ist aber meßbar, wie gut jemand liest? Das setzt voraus, das klar wäre, was gutes Lesen ist. Die herkömmliche Meinung lautet: Gut liest, wer schnell liest, alles versteht und behält. Und das soll dann gemessen werden. Dazu bedürfe es nur eines Testtextes, Fragen dazu und einer Stoppuhr.

Das Meßergebnis sei dann die Leseleistung. Doch ganz so einfach scheint das nicht zu sein.

Die Stiftung Lesen in Mainz beklagt 1990, es mangele den Leseforschern an wissenschaftlichem Vorgehen, wenn sie die Leseleistung messen. In einem Forschungsgutachten für das Bundesministerium für Bildung und Wissenschaft kommt sie zu dem Ergebnis: »Außer einer rohen operationalen Definition (Leseverständnis = richtige Beantwortung der Testfragen) findet man keine wissenschaftliche Auseinandersetzung mit dem komplexen Verständnisbegriff. Das Vorwissen und sein richtiger Gebrauch, zwei der wichtigsten Determinanten des guten Lesers, werden bis jetzt in den LV-Tests weder vorerhoben noch als Lesermerkmal erfaßt, da die üblichen kurzen Passagen sinnvolle Beziehungen zwischen Vorwissen und Leseverständnis erst gar nicht entstehen lassen.« (Vanecek, Seite 257)

Niemand macht sich also die Mühe, vorher zu klären, welche Vorkenntnisse die Testperson hat. Was weiß sie denn bereits über das Thema und welche Fakten, Zusammenhänge und Argumente kennt sie schon? Die Leseleistung, die so gemessen werden soll, wird doch wesentlich davon beeinflußt, was der Proband vorher schon über den Inhalt eines Lesestücks weiß.

Hinzu komme, so die Stiftung Lesen in ihrem Gutachten, daß es keine Verständnistests für berufstätige Erwachsene gebe. So lege man hilfsweise einen Test vor, der sonst ab der zweiten Schulstufe eingesetzt werde. »Das kann bestenfalls«, so der Bericht an die Bundesbildungsministerin, »als Notlösung gelten. Aufgabenart und Aufgabenstellung werden von Erwachsenen als unpassend und (manchmal) als diskreditierend erlebt«. (Vanecek, Seite 258)

Der Stiftung Lesen bleibt nichts anderes übrig, als den Testern von Leseverständnis vorzuschlagen, nur das Lesetempo zu messen. Jedoch: »Genormte Lesegeschwindigkeitstests für stilles Lesen«, muß die Stiftung feststellen, »liegen zur Zeit in der BRD und Österreich nicht vor«. (Vanecek, Seite 257)

Leseverständnistests lehnen wir ab. Denn wir begegnen in unserer Arbeit Menschen mit sehr unterschiedlichen Fachkenntnissen. Wie könnten wir sie einem einheitlichen Leseverständnistest unterziehen, dessen Ergebnisse vergleichbar wären? Ein Ingenieur versteht etwas von Kennlinien technischer Geräte, aber nur selten etwas vom »Break-even-point« der Betriebswirtschaftslehre.

Selbst wenn gute Vorkenntnisse vorhanden sind, sagt das noch nichts über den Ausgang eines Tests. Das haben wir selbst erlebt. Früher haben nämlich auch wir versucht, die Leseleistung zu messen. Denn unsere Kursteilnehmer wollten ihr Lesen verbessern und erwarteten darum von uns, daß wir sie testen würden. Während eines Wochenendes an einer Volkshochschule erlebten wir dabei folgendes:

Wir verteilten einen Text über Tiefenwahrnehmung und räumliches Sehen, den die Teilnehmer einmal lasen. Nachdem wir den Text wieder eingesammelt hatten, legten wir 18 Testfragen vor, die nach dem Multiple-Choice-Verfahren zusammengestellt waren. Zwei Studenten der Psychologie hatten sämtliche Fragen richtig beantwortet. Einen der beiden baten wir, den Inhalt des Testtextes wiederzugeben. Es stellte sich heraus, daß er die wesentliche Aussage des Textes nicht verstanden hatte. Seinem Kommilitonen, der auch alles richtig angekreuzt hatte, erging es ähnlich. Die Hauptaussage war auch von ihm nicht verstanden worden. Ein anderer Teilnehmer am Test gab den

Inhalt des Textes richtig wieder und korrigierte die beiden – obwohl er 15 der 18 Fragen falsch beantwortet hatte.

Wir lernten daraus: Solche Multiple-Choice-Fragen prüfen nicht die Leseleistung im umfassenden Sinne. Tatsächlich halten sie nur einen sehr kleinen Teil davon fest – nämlich, wie viele Fakten sich jemand nach erstem Lesen gemerkt hat. Man könnte auch sagen, was während des Lesens bereits auswendig gelernt wurde. Das Leseverständnis können solche Tests also nicht messen. Denn jenes beschränkt sich nicht auf das Behalten von Einzelheiten, sondern beinhaltet vor allem das Sinnerfassen des Lesestücks. Das deutet auch die Stiftung Lesen an, die wir vorhin zitiert haben.

Selbst wenn die Lesetester das Vorwissen in ihre Verfahren einbezögen, könnten sie nicht sicher sein, auch wirklich das zu messen, was sie zu messen vorgeben: das Leseverständnis. In unserem Beispiel hatten die beiden Studenten mehr Vorkenntnisse als die übrigen Teilnehmer, was ihnen für das richtige Beantworten der Fragen nützte. Eigentlich sollte erwartet werden, daß sie auch den wesentlichen Gedankengang des Testtextes ganz vorzüglich würden wiedergeben können. Dem war aber nicht so. Wir erklären uns das mit der Leselage der beiden Studenten, die eine Lernlage war. Dazu schreiben wir ausführlich in Abschnitt 34 »Lesen oder Lernen?«

Nach solchen Erfahrungen lehnen wir Leseverständnistests ab. Auch deshalb, weil Berufsleser nicht interessiert sind an dem Urteil anderer, wie gut sie lesen im herkömmlichen Sinne (alles verstehen und behalten). Denn sie wollen besser lesen als üblich: Sie benötigen gezielt Informationen und Fakten, die in Unmengen von Text verborgen sind. Und die müssen sie in möglichst kurzer Zeit finden. Damit ihnen das gelingt, verrichten sie ihre Lesearbeit rationell. Ob sie damit erfolgreich sind, können nur sie selbst einschätzen. Herkömmliche Lesetests leisten diese Kontrolle nicht. Das sagt auch die Stiftung Lesen, allerdings sehr vorsichtig: »Die herkömmlichen LV-Tests« sind »ziemlich unsensibel für Fortschritte durch neue und bessere (weil lebensnähere) Lesemethoden«. (Vanecek, Seite 259)

Wir geben Ihnen mit diesem Lesebuch solch lebensnähere Methoden an die Hand. Dieses Buch enthält ein Verfahren, mit dem jeder seinen Leseeffekt selbst zuverlässig messen und bewerten kann. Diese Methode nennen wir »Textbild«; in Kapitel II beschreiben wir sie ausführlich.

Das einzige Lesemaß, das wir anlegen, ist die Geschwindigkeit. Wie schnell jemand liest, läßt sich sogar international vergleichen. Als Testtext verwenden wir seit Jahren ein Stück Sachliteratur, das keine leichte Kost, jedoch ohne Spezialwissen lesbar ist. Wir haben mit diesem Text das Lesetempo von 200 Personen gemessen (bis 1994), und davor mit anderen gleichartigen Texten weitere 1.000 Menschen getestet. Obwohl unsere Testleser sehr unterschiedliche Vorkenntnisse mitbrachten, lag die Geschwindigkeit der meisten bei rund 240 Wörtern in der Minute.

Zunächst überraschte uns dieses Ergebnis. Manager, so hatten wir anfangs vermutet, lesen schneller als Hausfrauen. Beim Auswerten fanden wir heraus: In beiden Gruppen gibt es langsame und schnelle Leser. Je mehr Tests uns vorlagen, desto deutlicher wurde aber: Von einigen Extremen abgesehen, lasen fast alle mit 200 bis 250 Wörtern pro Minute. Dies können wir heute mit unserer Lesetheorie erklären, die auf der Erkenntnis gründet: Das Lesetempo ist das Sehtempo. Und das ist eine natürliche Größe, die von unseren Augen abhängt.

6 | Das Auge funktioniert wie eine Kamera

Die Analogie zum Fotoapparat hilft, das Sehen zu verstehen – man darf sie aber nicht zu weit treiben

Wenn Sie beruflich lesen, sollten Sie genau wissen, wie Sie lesen, und vor allem, wie Ihre Augen beim Lesen funktionieren. Dann wissen Sie, was Sie verändern sollten, um effizient lesen zu können. Wir beschreiben Ihnen darum, wie Ihre Augen arbeiten, wenn Sie diese auf Text richten.

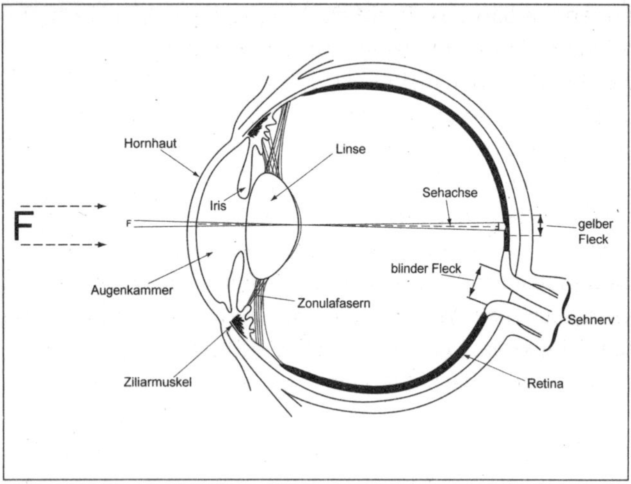

Abbildung 2 | Schematischer Querschnitt durch das Auge
Das optische System des Auges entwirft ein umgekehrtes Bild der Umwelt auf der Netzhaut.
Modifiziert nach »Funkkolleg Psychobiologie« DIFF: Tübingen 1986, Studienbegleitbrief 4, Seite 90

In Abbildung 2 sehen Sie, wie das Auge aufgebaut ist: Unsere Augen arbeiten ähnlich wie eine Kamera. In medizinischen Fachbüchern kann man lesen, wie die Augen abbilden, wenn sie in die Ferne sehen.

Wie die Augen arbeiten, wenn Sie auf Text blicken, beschreiben die Fachpublikationen leider nur ansatzweise.

Ganz anders Bücher über das Lesen: In ihnen findet man allerhand über die Augen als Lesewerkzeug – doch was diese Bücher behaupten, steht oft im krassen Gegensatz zu dem, was die Naturwissenschaft sagt. Zwar kann es sehr hilfreich sein, sich vorzustellen, daß unsere Augen ein lebendiger Fotoapparat sind, und daß sie ähnlich arbeiten wie eine Kamera. Aber einiges, was eine Kamera kann, können unsere Augen nicht.

So fanden wir zum Beispiel oft die Behauptung, daß die Augen das Bild, das sie auf der Netzhaut abbilden, dort größer oder kleiner stellen könnten. Für diese Fähigkeit, welche die Augen nicht beherrschen, wurde auch noch ein unpassender Begriff verwendet: Fokussieren. Passender wäre wohl: Zoomen. Versprochen wird dem Lesegeplagten, er könne einen Weitwinkel im Auge aktivieren. Für das Lesen soll der Weitwinkel antrainiert werden, was dann Erweitern der Blickspanne genannt wird. Das Ziel klingt zwar plausibel: Wer mehr auf einen Blick sehen kann, kann auch mehr Wörter auf einmal aufnehmen und somit schneller lesen. Doch ein Blick in die Medizin klärt: Es ist nicht möglich, die Blickspanne zu erweitern.

Ebenfalls kursiert die Mär von der schnelleren Fixation. Behauptet wird, die Belichtungszeit des Auges könne durch mehr Blicke pro Sekunde verkürzt werden. Auch das klingt plausibel: Schneller blicken = schneller lesen. Doch die Verhältnisse am Auge, die sind nicht so. Denn das Belichten, ebenso wie das Abbilden auf der Netzhaut, sind Vorgänge im Auge, die automatisch ablaufen. Willenskraft, Training oder Meditation können sie nicht beeinflussen.

In den Anfängen unserer Arbeit sind wir selbst solchen Irrtümern erlegen. Wie Sie in den Vorbemerkungen lesen können, haben wir versucht, ein peripheres

Lesen zu trainieren. Das ist der dritte Trug, wie die Augen ein »Tuning« bekommen sollen. Den äußeren Ring um den Bereich, der scharf sehen kann, wollten auch wir damals schärfen. So könnte man mehr auf einmal lesen – wenn es denn ginge. Glücklicherweise war unter unseren Volkshochschülern der Oberarzt einer Universitätsaugenklinik. Zum richtigen Zeitpunkt belehrte er uns: »Das ist gar nicht möglich.«

7 | Mit fünf Grad Blickspanne – ein Fünfmarkstück sehen

Wie Sie Ihren Leseblick selbst berechnen können

Nur wer sich genau mit den Augen auskennt, weiß, warum der Leseblick nicht erweitert werden kann. Es liegt an »fovea centralis« und »macula lutea«.

Dort, in der »Grube des zentralen Sehens«, mitten im »gelben Fleck«, sitzen die Zellen der Netzhaut, die lesen können. Genauer gesagt: Hier werden die Buchstaben, Zeichen und Ziffern abgebildet, die durch Hornhaut, Linse und Glaskörper hereinkommen. Der Bereich, den diese »Lesezellen« ausfüllen, ist sehr klein. Unser gesamtes Gesichtsfeld ist 170 Grad breit – aber zum Lesen können wir davon nur fünf Grad im Zentrum nutzen. Das bedeutet zwar, daß wir fast die Hälfte von dem beobachten können, was im Umkreis, in 360 Grad um uns herum, passiert. Doch wenn wir lesen, erkennen wir nur einen winzigen Teil davon.

Was konkret bedeuten diese fünf Grad? Sie können Ihr persönliches Lesefeld selbst ausrechnen. Messen Sie zunächst den Abstand Ihrer Augen zu diesem Buch. Jenen Leseabstand multiplizieren Sie dann mit dem Tangens von fünf Grad. (Wie wir dazu kommen, erklären wir noch.) Bei einem Leseabstand von 33 Zentimetern ergibt sich:

$$33\ \text{cm} \times 0{,}0875 = 2{,}9\ \text{cm}$$

Die 2,9 Zentimeter sind der Durchmesser ihrer kreisrunden Lesefläche. Das Blickfeld hat also etwa die Größe eines Fünfmarkstücks. Das haben wir in der Abbildung 3 schematisch dargestellt.

Vielleicht fragen Sie sich jetzt: Kann ich denn dieses Blickfeld nicht doch vergrößern, damit ich mehr sehe – und dann vielleicht auch schneller lese? Schauen Sie sich die Berechnung an. Sie erkennen: Einen der beiden Faktoren zu vergrößern würde in der Tat das Blickfeld erweitern.

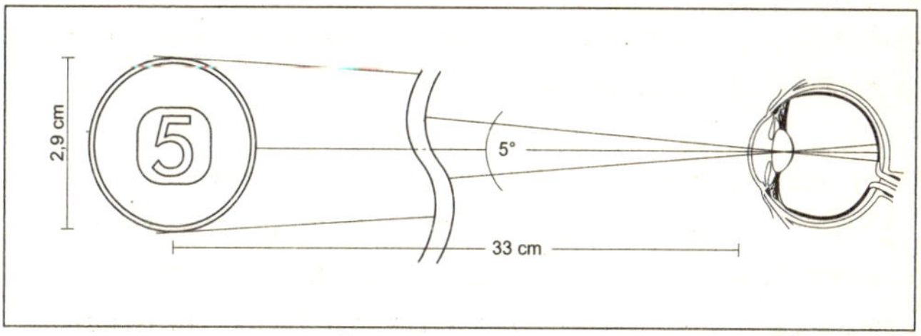

Abbildung 3 | Ein Fünfmarkstück sehen

Es liegt nahe, daß Sie Faktor eins, den Leseabstand, vergrößern – sprich: das Buch von Ihren Augen weiter weg halten. Was dabei herauskommt, können Sie in Abbildung 4 »Blickgröße« sehen. Bei 40 Zentimeter Sehabstand beträgt der Durchmesser für jeden Blick 3,5 Zentimeter, bei 45 Zentimeter Abstand ergibt sich 3,9 Zentimeter Durchmesser, bei 50 Zentimeter Distanz hat die Blickfläche 4,4 Zentimeter Durchmesser, bei 60 Zentimeter Abstand sind es 5,2 Zentimeter. Vielleicht kommt Ihnen jetzt die Idee, Sie könnten Ihr Lesen beschleunigen, indem Sie das

Buch weiter weg halten. Doch das funktioniert nicht. Wenn Sie den Lesevorgang kennen, verstehen Sie warum.

Mit jedem Blick nehmen Sie mehrere Wörter gleichzeitig unsortiert auf. Aus diesem Dschungel, den wir »Wörtersalat« nennen, wird das jeweils richtige herausgesucht. Wenn Sie das Buch weiter weg halten und so die Blickfläche vergrößern, entsteht noch mehr »Salat«. Das richtige Wort muß dann unter noch mehr Wörtern gesucht werden. Und Ihre Augen können häufiger irren, verrutschen leichter in den Zeilen und verpassen öfter den richtigen Anschluß. Durch eine größere Blickfläche wird das Lesen also nicht schneller, sondern langsamer.

Sollten Sie dennoch versuchen, den Leseabstand zu vergrößern, könnte das für Sie sehr beschwerlich werden. Das haben Sie sicher schon erlebt: Je weiter die Buchstaben entfernt sind, desto schwerer fällt das Lesen. Und wenn Sie ein Buch bewußt weiter von sich entfernt halten, dann ist das auf jeden Fall zu weit. Denn den optimalen Leseabstand, der Ihren Augen gut tut, nehmen Sie unwillkürlich ein – in jeder Situation. Wenn zum Beispiel die Schrift zu klein ist, verringern Sie ihn intuitiv. Verändern Sie aber absichtlich Ihre gewohnte Lesehaltung, könnten Sie Ihr Lesen stören. Behalten Sie daher unbedingt den Ihnen vertrauten Leseabstand bei.

Der Faktor zwei in unserer Formel, der Tangens von fünf Grad, läßt sich nicht verändern. Denn die fünf Grad sind der Lesewinkel, der auch Blickspanne genannt wird. Warum dieser Winkel nicht vergrößert (und dadurch vielleicht das Lesen doch beschleunigt) werden kann, wird klar, wenn wir den Aufbau des Auges näher betrachten.

Die Zellen auf der Netzhaut nehmen auf, was durch die Linse hereinkommt. Nun gibt es zwei Arten von Sehzellen:

Zapfen und Stäbchen. Die Zapfen sehen scharf und farbig; die Stäbchen aber nicht scharf genug, um damit lesen zu können und nur schwarz-weiß. Die Stäbchen können jedoch registrieren, wenn sich etwas bewegt, und hell und dunkel unterscheiden.

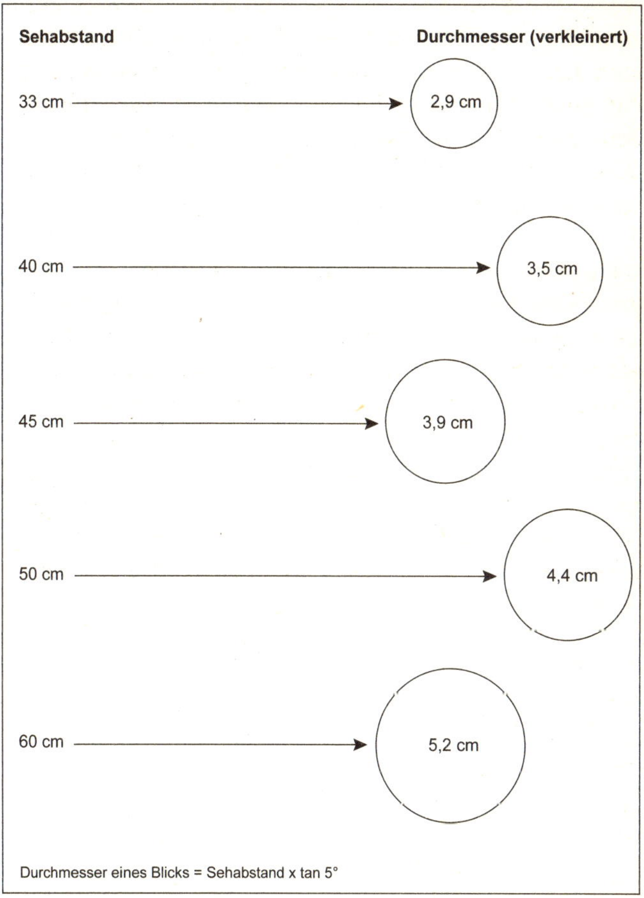

Abbildung 4 | Blickgröße

Verstehen wir unsere Augen als lebendigen Fotoapparat, dann sind die Sehzellen ihr Film. So gesehen enthält die Netzhaut zwei verschiedene Filme: einen grobkörnigen, hoch lichtempfindlichen Schwarzweißfilm, der den größten Teil der Netzhaut bedeckt – Stäbchen massenhaft. Dieser Film arbeitet auch in finsterer Nacht. Weniger lichtempfindlich, dafür aber sehr feinkörnig, ist der Farbfilm unserer Augen, die winzige Grube mit den Zapfen.

Nur diese Zapfen sehen scharf genug für das Lesen. Sie stellen die scharfen Bilder auf der Netzhaut her, die wir brauchen, um Schriftzeichen erkennen und lesen zu können. Doch sie kleiden lediglich einen winzigen Teil der Netzhaut aus. In Abbildung 2 (»Schematischer Querschnitt durch das Auge«) können Sie es erkennen. In der Grube des zentralen Sehens, in der Abbildung als Einbuchtung im gelben Fleck, da sitzen die Zapfen, die uns die Welt so scharf und farbig sehen lassen. Dies begrenzt den Winkel für das scharfe Sehen – und damit auch für das Lesen – auf fünf Grad.

Die Blickspanne ist somit von der Natur festgelegt. Niemand kann sie verbreitern. Wie diese Zellen auf der Netzhaut angeordnet sind, läßt sich durch Training genauso wenig beeinflussen wie die physikalischen Gesetze der Optik.

8 | Pünktchen, Pünktchen … Oder: Was sehen wir lesend?

Was die Augen können könnten – Darüber gibt es viele Meinungen

Wir begegnen sehr verschiedenen Meinungen darüber, was generell beim Sehen möglich sei. Selbst Menschen, die vom Fach sind, haben manchmal Falsches in Erinnerung.

So behauptet zum Beispiel ein sehr bekannter Autor, Fehlsichtigkeit könne mit einem Augentraining behoben werden. Nun wird aber die Kurzsichtigkeit durch einen zu lang gewachsenen Augapfel verursacht, beim Weitsichtigen ist das Auge zu kurz. Objektiv läßt sich also nichts trainieren. Allenfalls kann man sich an schlechtes Sehen gewöhnen und damit leben lernen. Im 3. Abschnitt (»Die Augen«) haben wir von unserem fehlsichtigen Verwandten berichtet, der jahrelang ohne Brille auskam.

Zur allgemeinen Verunsicherung tragen auch Bücher bei, die von Fixationspunkten oder Haltepunkten berichten, die beim Lesen minimiert werden sollen. Weniger Haltepunkte in der Zeile würden das Lesen beschleunigen. Beharrlich hält sich die Meinung, die Augen könnten dazu gebracht werden, in größeren Sprüngen von Punkt zu Punkt zu hüpfen – dann werde leicht aus einer Leseschnecke ein Textwiesel. Dies ist aber nicht möglich. Denn wo die Augen als nächstes fixieren, entscheiden sie autonom.

Zum Lesen sind solche magischen Vorstellungen vom Auge besonders verbreitet. Bei anderen Leistungen des Auges sind die Vorstellungen der Wirklichkeit näher: Es kommt niemand auf die Idee, daß man nur einen Punkt wahrnimmt, wenn man in die Ferne blickt. Allen ist klar: Man sieht eine große Fläche. Im Gespräch über das Lesen kommt aber meist rasch die Idee von den Blickpunkten oder Haltepunkten. Geglaubt wird, in einen Blick paßten nur wenige Buchstaben hinein. Das aber gilt nur für den Erstkläßler.

Wir beobachten zur Zeit (1993) mit großem Interesse, wie unser Sohn Antonius lesen lernt. Er hält sein Heft oder sein Buch in einem Abstand von 20 Zentimetern vor seine Augen, wenn er schreibt oder liest. Das haben wir gemessen. Die Psychologen haben gemessen, daß man für das Lesen einen Blickwinkel von fünf Grad hat. Damit können wir rechnen (wir haben Ihnen das für Ihr Lesen weiter oben vorgerechnet): Antonius sieht in seinem Heft eine Blickfläche mit einem Durchmesser von 1,7 Zentimetern scharf. In diesem Blick kann unser Sohn zwei oder drei Buchstaben seiner großen Lernschrift nebeneinander sehen. Der Abstand zwischen den Zeilen ist so groß, daß immer nur eine Zeile in seinen Blick kommt, wenn er vor seinem Heft sitzt. Zwischen zwei Zeilen beträgt der Abstand, von Grundlinie zu Grundlinie gemessen, 1,8 Zentimeter. (Das beobachteten wir in der zwölften Woche seines ersten Schuljahres.)

Sind die Wörter, die er lesen will, länger als 1,7 Zentimeter, nimmt Antonius den Finger zu Hilfe. Nun will er aber nicht nur in seinem Übungsheft lesen. Immer öfter nimmt er Bücher in die Hand, in denen die Schrift viel kleiner ist.

Eines seiner Lieblingsbücher ist »Pippi Langstrumpf«. In seiner Kinderbuchausgabe ist das Druckbild so, daß in 1,7 Zentimetern Blickfläche sieben bis acht Buchstaben nebeneinander passen. Der Zeilenabstand – das ist der Abstand von Grundlinie zu Grundlinie – beträgt 0,55 Zentimeter. Das ist für einen Leseanfänger schwierig. Da braucht es zusätzliche Hilfe, die Antonius selbst austüftelt, um Pippi Langstrumpf besser lesen zu können:

Erstens verringert er seinen Leseabstand auf 9 Zentimeter: Er geht einfach mit der Nase dichter an das Buch heran – so nahe, daß wir kaum zuschauen mögen … Antonius braucht aber keine Brille, seine Augen sind normal. Indem er so dicht mit seinen Augen an das Buch herangeht, verkleinert er seinen Blick auf eine Fläche mit 0,8 Zentimeter Durchmesser. Und Antonius muß dann höchstens vier Buchstaben auf einmal betrachten: Genau das, was er gerade in der Schule übt.

Zweitens: Er hält das Wort, das er liest, mit dem Finger fest. Das tut er so lange, bis er es gesprochen und seinen Sinn verstanden hat. Immer wieder buchstabiert er auf diese Weise voran. Er spricht sich laut vor, was er sich mit dem Finger zusammensucht. Das macht er, bis er etwas verstanden hat. Das ist noch nicht immer genau das, was Astrid Lindgren schrieb – aber Antonius hilft mit seiner Phantasie nach.

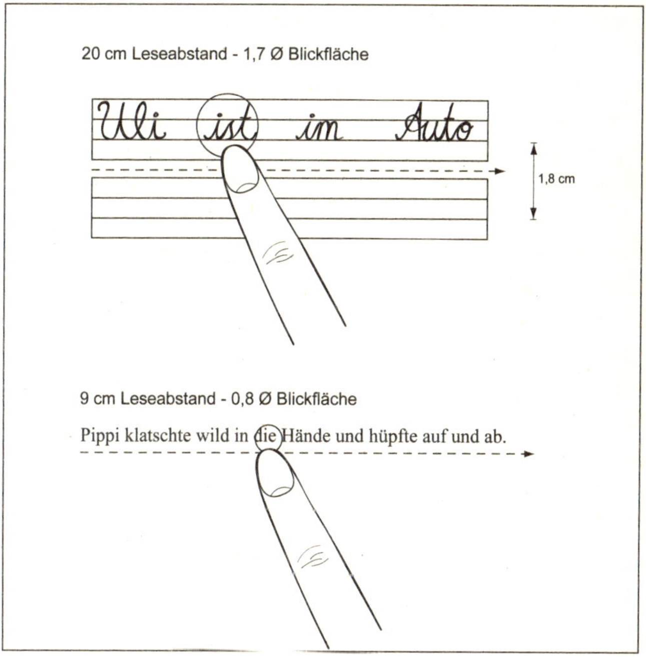

Abbildung 5 | Antonius liest

9 | Die berechenbare Größe Blick – ein Modell

Die Blickspanne kann nicht erweitert werden – denn die Augen haben kein Weitwinkelobjektiv

Unser Sohn Antonius, den wir beim Lesen beobachtet haben, weiß nicht, daß sich die Blickfläche berechnen läßt, wenn man den Sehabstand kennt. Er weiß noch nichts vom Sehwinkel. Er handelt nur aus dem Gefühl heraus, das ihm sagt, wie er am besten mit seinem Lesen umgeht. Sie aber kennen den Sehwinkel, die fünf Grad des zentralen Sehens. Er war einer der Rechenfaktoren in dem Abschnitt über die Blickspanne (vgl. Abschnitt 7 »Mit fünf Grad Blickspanne«). Der Sehabstand ist der Leseabstand. Und Sie wissen, daß Sie mit diesem Winkel von fünf Grad und dem Leseabstand Ihren ganz persönlichen Durchmesser der Fläche berechnen können, die Sie scharf sehen, wann immer Sie Ihre Augen auf Text richten. Haben Sie Ihre Sehfläche schon berechnet? Für fünf verschiedene Sitzpositionen haben wir die Blickgröße für Sie ins Bild gesetzt (Abb. 4 »Blickgröße«). Am häufigsten kommen die ersten drei vor: 33 bis 45 Zentimeter Distanz zwischen Augen und Lesegut.

Auf die erste Maßzahl für den Leseabstand, die 33 Zentimeter, sind wir eher zufällig gekommen, als wir damit begannen, die Größe des Blicks zu berechnen, um unsere Lesetheorie zu stützen. Wir fragten einen Praktiker nach den Leseabständen, die beim Verordnen von Lesebrillen zugrunde liegen. Unser Brillenfachmann nannte uns jene 33 Zentimeter. Später erfuhren wir, daß dies eine nützliche Zahl für Optikerlehrlinge ist. Sie rechnen damit leicht die Dioptrien aus, die eine Brille haben muß, damit sie die Brechkraft von Augen optimal korrigiert.

Ist der Sehabstand bekannt, kann die Kreisfläche, die man auf einen Blick scharf sieht, mit dem Satz des Pythagoras ermittelt werden. Der Tangens von fünf Grad multipliziert mit diesem Abstand ergibt den Durchmesser dieser Fläche. Bei einem Abstand von 33 Zentimetern beträgt der Durchmesser rund drei Zentimeter. Bei 40 Zentimetern errechnen sich etwa dreieinhalb Zentimeter. Sitzriesen mit einem Sehabstand von 50 Zentimetern sehen sogar eine Fläche mit dem Durchmesser von rund viereinhalb Zentimetern auf einen Blick.

Als wir uns das zum ersten Mal vorgerechnet haben, waren wir verblüfft, wie groß doch die Fläche ist, die man sieht, wenn man im Leseabstand guckt. Hatten wir uns doch schon immer über die sogenannten Haltepunkte gewundert, denen wir in fast jedem Buch begegnen, das sich mit dem Lesen befaßt. An ihnen sollen sich die Augen beim Lesen angeblich festhalten.

Vielleicht, so vermuteten wir, sind diese Haltepunkte die gedachten Mittelpunkte der Blickflächen, die wir soeben berechnet haben. Untersucht man beispielsweise die Augenbewegungen, ist es sicher sinnvoll, zunächst nur von Punkten zu sprechen. Beobachtet man nämlich die Bewegung von Punkt zu Punkt, läßt sich eindeutig beschreiben, wie die Augen ihre Position verändern. Dabei ist für diese Experimente unbedeutend, wie groß das Bild ist, das die Augen an jedem dieser Haltepunkte herstellen.

Jemand, der von den Augen wenig weiß und von solchen Experimenten hört, kann leicht zu der irrigen Ansicht kommen: Beim Lesen sieht man nur Punkte – beziehungsweise wenige Buchstaben auf einen Blick um diese Punkte herum. Aus dieser falschen Annahme ergibt sich zwingend der (falsche) Schluß: Wenn wir lesen lernen, erweitern wir unsere Blickspanne. Und: Wer schneller lesen will, muß seine Blickspanne durch Training erweitern.

Zwischenbemerkung: Was ist das – ein Modell?

Es ist besser zu verstehen, wie solche Mißverständnisse entstehen können, wenn man sich noch einmal vor Augen führt, was ein Denkmodell ist und was es von der Wirklichkeit unterscheidet. Generell ist die Wirklichkeit nie so einfach wie das Modell. Und wer nicht gewohnt ist, in Modellen zu denken, verwechselt leicht das Modell mit der Wirklichkeit.

Modelle zu entwickeln, um schwierige Sachverhalte verständlich zu machen, ist in der Wissenschaft allgemein üblich. Dabei werden Details weggelassen, damit eine grundlegende Struktur erkannt und ausgesagt werden kann, was voraussichtlich geschehen wird. Solche Denkmodelle sind jedoch nur nützlich, wenn sie tatsächlich etwas erklären. Wenn sich etwas ereignet, was dieses Modell nicht mehr erklärt, ist es notwendig, ein neues zu erarbeiten. Dabei kommt es vor, daß für ein und denselben Gegenstand mehrere, auch miteinander nicht zu vereinbarende Modelle nebeneinander existieren können.

So gibt es in der Physik zum Beispiel zwei verschiedene Ansätze, um das Licht zu erklären. Die beiden sind nicht miteinander vereinbar. Gleichwohl sind beide Modelle des Lichts erforderlich. Denn sie erklären unterschiedliche physikalische Experimente und deren Ergebnisse. Das eine stellt das Licht als elektromagnetische Welle dar, das andere als kleine sich bewegende Teilchen, die Photonen.

Ein Modell des Lesens lautet: Wer schwierige Texte liest, liest langsamer. Bei leichten Texten geht es schneller. Ein anderes Modell des Lesens sagt: Schwierige Texte versteht der besser, der sie schneller liest. Ein weiteres Lesemodell: Lesen ist nur Wort für Wort, Zeile für Zeile möglich. Das

Gegenmodell besagt: Eine Lesegeschwindigkeit von 10.000 Wörtern pro Minute läßt sich nur so erklären, daß Wörter aus mehreren Zeilen gleichzeitig verarbeitet werden.

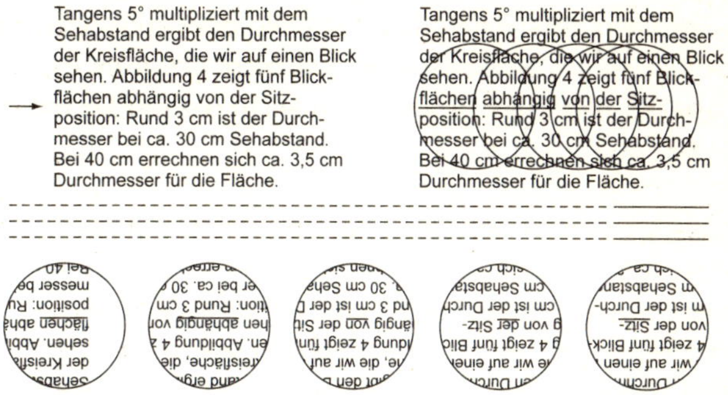

»Wörtersalat im Blick«

Wenn Sie die Zeile lesen, auf die der Pfeil zeigt, dann sehen Sie im Abstand von 40 Zentimetern scharf die Flächen, die daneben eingekreist sind. Darunter ist dargestellt, wie die einzelnen Flächen auf der Netzhaut abgebildet werden. Wir haben jeweils das Wort im Blick hervorgehoben, das gelesen wird, Blick für Blick reiht sich Subvokalisation an Subvokalisation.

Abbildung 6 | Wörtersalat im Blick

10 | Unsere Lesetheorie und der Wörtersalat im Blick

Warum Sie sehr leichte Texte manchmal einfach nicht lesen können – an Konzentration mangelt es zumeist nicht

Nachdem klar ist, daß sich die Fläche berechnen läßt, die wir scharf sehen, stellt sich die Frage: Wie viele Wörter werden denn überhaupt im Blick erfaßt? Beschränken wir uns zunächst auf die Zeile. Denn jeder weiß: wir lesen zeilenweise. Sie können jetzt selbst auszählen, wie viele Wörter nebeneinander pro Zeile in einen Blick passen. Nehmen Sie unsere Abbildung 4 »Blickgröße« dazu. Zwei bis vier Wörter passen in jeder Zeile nebeneinander in die Sehfläche. Wie viele es genau sind, hängt von der Druckgröße und vom Leseabstand ab.

In Abbildung 6 »Wörtersalat« sehen Sie, was Ihre Augen bei einem Leseabstand von 40 Zentimetern auf Ihrer Netzhaut abbilden, wenn Sie die Zeile lesen, auf die der Pfeil zeigt:

Die Zeile hat fünf Wörter. Und es entstehen fünf Bilder auf Ihrer Netzhaut mit dem Wort in der Mitte, das Sie jeweils lesen. Jeder Blick – das entspricht der Fläche, die der Kreis umschreibt – enthält mehrere Wörter nebeneinander, übereinander und untereinander, die Sie jeweils in sieben Zeilen gleichzeitig sehen. Sie lesen pro Blick jedoch nur das eine Wort, das wir in der Blickfläche hervorgehoben haben.

Aber auf der Netzhaut wird, anders als in unserer Abbildung 6 »Wörtersalat«, nichts hervorgehoben. Sie nehmen also, wenn Sie lesen, immer Wörter oder Wortteile übereinander, untereinander und nebeneinander wahr. Sie lesen die Wörter zunächst gar nicht, Sie sehen sie nur. Und Sie sehen den Text zudem in sehr verschwenderischer Weise.

Bei leichten oder seichten Texten können Sie deswegen manchmal auch in Schwierigkeiten geraten, ordentlich voranzulesen, obwohl das eigentlich sehr zügig gehen müßte – bei so leichter Kost. Während Sie sehr Leichtes lesen und darin voraneilen, haben Sie manchmal das Gefühl: Das habe ich doch eben erst gesehen. Oder Sie können Ihre Augen kaum daran hindern, daß sie rasch ein paar Zeilen weiterhüpfen. Dann aber bemerken Sie auf einmal, daß der Faden gerissen ist. Denn es entsteht der Sinn nicht mehr. Also: zurück im Text. Und so kauen Sie den simplen Text noch einmal durch. Da macht sich bei Ihnen bald das Gefühl breit, daß Sie nichts verstehen, obwohl der Text doch so leicht verständlich ist. Das ärgert Sie. Was ist passiert?

Ihre Gedanken sind spazierengegangen. Und Ihre Augen bewegen sich mit, hüpfen umher. Nun stimmt, was Sie mit den Augen sehen, nicht mehr mit dem überein, woran Sie gerade denken. Oder: Sie haben sich bereits beim Aufnehmen der Informationen so gelangweilt, daß es gar nicht mehr zu einem sinnvollen Verarbeiten gekommen ist. Sie nehmen zwar auf, machen aber trotzdem zu: Sie verarbeiten nicht mehr. Sie sind mit Ihren Gedanken ganz woanders. Sie lesen weiter – ohne zu lesen. Manchmal merken Sie beim Nachlesen sogar, daß im Text etwas anderes steht, als Sie verstanden haben.

Es bleibt der falsche Eindruck, der Text sei doch zu schwierig für Sie – oder Sie müßten sich besser konzentrieren. Wir glauben das nicht. In Kapitel V erklären wir Ihnen das genauer.

Daß Ihre Gedanken beim Lesen überhaupt abschweifen können, liegt daran, daß nur eines der vielen Wörter im Blick für den Lesefluß genutzt werden kann. Es muß also ein Wörtersalat sortiert werden, den Sie jeweils aufnehmen. Wie gut das gelingt, hat mit dem Inhalt des Textes – ob schwer oder leicht – gar nichts zu tun. Denn auch vom leichtesten Text müssen Sie erst die Wortfolgen aufnehmen, damit Sie diese überhaupt verarbeiten können. Wie vertraut sie Ihnen sind – das ist für das Verarbeiten maßgeblicher.

Wenn Sie die Wörter aber nicht in der Reihenfolge aufnehmen, die den Sinn ergibt, können Sie den Inhalt eines Satzes nicht verstehen. Was Sie mit den Augen nicht richtig aufgenommen haben, weil jene vorangeeilt sind, kann Ihr Gehirn nicht sinnvoll verarbeiten. Es scheint paradox: Das passiert vor allem bei leichten Texten, die Ihr Denken wenig fordern.

Jedesmal bilden also Ihre Augen auf Ihrer Netzhaut sehr viel mehr vom Text ab, als Sie brauchen, um ihn zu lesen. Jedesmal, wenn Sie eine neue Zeile lesen, entstehen ähnliche Abbildungen nur geringfügig – Zeile für Zeile – verschoben. Außerdem stehen sämtliche Abbildungen Kopf und seitenverkehrt – nach den Gesetzen der Optik. Von diesem Wörtersalat nutzen Sie mit jedem Hinsehen (Fixation) nur ein einziges Wort für das Lesen. Das stimmt immer dann, wenn Sie, wie die meisten Leser, mit einer Aufnahmegeschwindigkeit von 240 Wörtern in der Minute den Text erfassen.

11 | Die Augen blicken kreuz und quer

Zum Lesen eignen sich die Augen schlecht

Unsere Augen gucken normalerweise nicht zeilenweise, sondern unwillkürlich kreuz und quer. Nur beim Lesen blicken wir Zeile für Zeile, so wie wir es vorhin beschrieben haben. Wie wir sehen, wenn wir nicht lesen, zeigt die Abbildung mit dem Mädchenfoto und der Grafik daneben (Abb. 7). Schlagen Sie ein beliebiges Buch zur

Sinnesphysiologie auf, dann stoßen Sie auf diese Abbildung. Sie gehört stets dazu, wenn die Funktion des menschlichen Auges beschrieben wird – und das seit Jahrzehnten.

Diese Abbildung ist für unsere Lesetheorie wichtig. Und wir wollen Ihnen diese auf keinen Fall vorenthalten, damit Sie nachvollziehen können, wir Ihre Augen von Natur aus schauen. Ist doch die irrige Meinung, daß die Augen zeilenweise gucken, weit verbreitet.

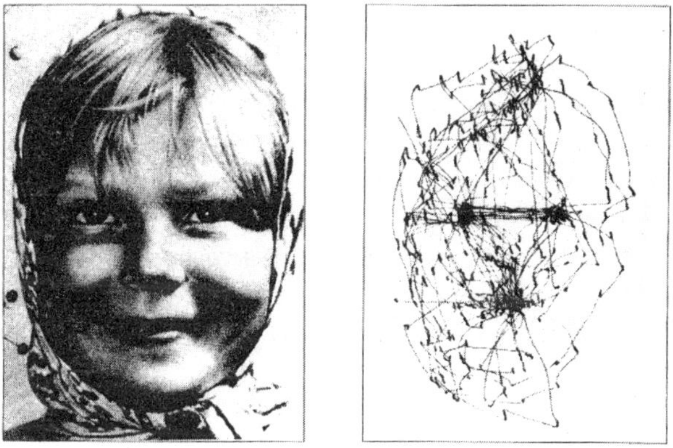

Die natürliche Blickfolge ist nicht textsystematisch. Beim Anschauen eines Fotos fixieren wir unwillkürlich in Sprüngen. Wir blicken kreuz und quer.

Nach A. L. Yarbus: Eye Movements and Vision, New York 1967, S. 180
Quelle: Funkkolleg Psychobiologie. DIFF, Tübingen 1986, Studienbegleitbrief 4, S. 115

Abbildung 7 | Augenbewegungen/Mädchenfoto

In der Abbildung 7 erkennen Sie kleine Häkchen; sie beschreiben die Mittelpunkte von Blickflächen. Die Augen des Betrachters des Mädchenfotos hüpfen hin und her. Die

Linien von Häkchen zu Häkchen sind der Weg zwischen den einzelnen Blicken. Nach jedem Hüpfer stellen sich die Augen erneut in Ruhe, um eine Aufnahme herstellen zu können. Dabei müssen sie jedesmal ihre genaue Position erst einrichten. So entstehen in der Abbildung die Häkchen, die gewissermaßen das Justieren der Augen vor der Aufnahme darstellen. Also: Die Augen springen von Bild zu Bild. Dann folgt noch eine kleine Augenbewegung zur Feineinstellung. Dann wird aufgenommen. Der ganze Vorgang heißt »saccadische Augenbewegung«.

Sie sehen: Die Augen des Betrachters schauen nicht gleichmäßig auf dem Bild hin und her. Und schon gar nicht tasten sie es gleichförmig in Zeilen ab. Auf dem Foto werden Augen und Mund und Scheitel des Mädchens gehäuft angeschaut. Sie sind offensichtlich besonders interessant.

Zwischenbemerkung: Die Reiz-Hierarchie – Wem gehorchen unsere Augen?

Der zuverlässigste Reiz, dem unsere Augen gehorchen: Es bewegt sich etwas.

Würden unserer Augen nicht allem, was sich bewegt, unbedingt folgen, dann hätten es die Illusionisten schwer. Jene nutzen diesen Urreflex, um uns zu täuschen. In der linken Hand schwingt der Zauberer seinen Stab, mit der rechten tut er das, was niemand sehen darf. Und fast immer gelingt es: Das Publikum fixiert die flinke linke Hand, weil sie sich bewegt.

Dieses Programm, das dafür sorgt, daß wir sofort sehen, wenn sich etwas bewegt und darauf auch reagieren, ist in der Entwicklungsgeschichte alt. Etwas mehr lesen Sie darüber in den Abschnitten 15, 17 und 18, wo wir uns damit beschäftigen, wie ein Arbeitsplatz für das Lesen gestaltet sein sollte.

Noch ein anderes Beispiel, das Sie vielleicht selbst schon erlebt haben:

Sie gehen an einem schönen Tag allein in einem Park spazieren. Weit und breit nur Bäume, Gras und Blumen. Plötzlich, dicht vor Ihren Füßen, springt ein Kaninchen auf. Es hat dort die ganze Zeit regungslos gesessen. Sie haben es erst gesehen, als es sich bewegte.

Denn wenn die Augen Bewegung wahrnehmen, haben sie keine Wahl: Sie müssen ihr folgen. Das geschieht automatisch, ist dem Willen entzogen. So etwas wird Reflex genannt. Keinem Reiz gehorchen die Augen so zuverlässig. Die Bewegung gehört also an die oberste Stelle in der Reiz-Hierarchie.

Danach kommt, könnte man sagen, lange nichts. Was folgt dann? Worauf achten unsere Augen, wenn sich nichts bewegt?

Wenn sich nichts bewegt, sind Kontraste für die Augen besonders interessant. Der wichtigste Kontrast, den Sie kennen, ist der Kontrast von schwarz neben weiß. Es gibt Kontrast auch zwischen Farben. Besonders stark wirkt er rot-grün. Die Augen werden von leuchtenden Farben stark angezogen.

Wenn keine Kontraste zu betrachten sind, suchen unsere Augen nach Konturen. Die Psychologen sagen: nach der Gestalt. Betrachten Sie den Himmel, können Sie es manchmal kaum vermeiden, in die Wolken Figuren hineinzusehen. Gleiches gilt für melierte Wände und Kacheln. Viele Rätselspiele bauen darauf auf.

Das Erfassen von Schriftzeichen, sich mit den Augen Informationen aus Text holen, also lesen, ist nichts, was die Augen von sich aus könnten. Diesem Reiz gehorchen die Augen erst, nachdem das Lesen erlernt wurde.

Die gesamte Reizhierarchie in einem konstruierten Beispiel: Ein Mobile, weil es sich bewegt, dominiert auch neben einem Kunstdruck von Emil Nolde. Beides sollte nicht – vor allem nicht gleichzeitig – in Ihrem Blickfeld sein, wenn Sie lesen.

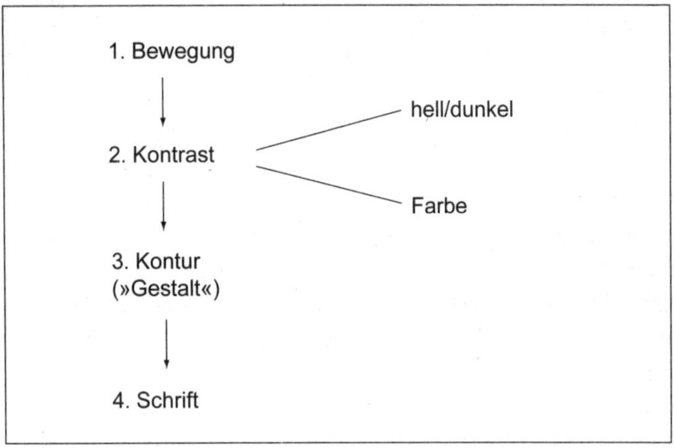

Abbildung 8 | Die Reizhierarchie

12 | Der Lesemensch – ein Murmeltier

Wer liest, spricht mit – und weil es nicht zu hören ist, glaubt es kaum jemand

Was hält denn nun die Augen in der Zeile, wenn wir lesen? Linien, die uns beim Erlernen des Lesens halfen, sind im üblichen Text nicht vorhanden. Wie wird das Wort, das wir lesen, aus dem Wörtersalat herausgefiltert? In Abbildung 6 haben wir es hervorgehoben. Doch das geschieht auf der Netzhaut nicht. Während Sie in der Zeile voranschreiten, auf die der Pfeil zeigt, wird auf der Netzhaut nichts hervorgehoben. Ihre Augen erfassen in der Blickfläche alles ohne Unterschied, was an Wörtern hineinpaßt.

- Wie orientieren wir uns im Dschungel der Wörter?
- Wie sortieren wir aus dem Wörtersalat das Wort heraus, das wir zum Weiterlesen brauchen?
- Wie bekommen wir Wort für Wort in die richtige Reihenfolge?

Die Antwort: wir sprechen mit. Zwar leise, innerlich. Aber ständig, wenn wir lesen – sonst könnten wir es gar nicht.

Als Erwachsene murmeln wir uns im Text voran, ohne es zu bemerken. Dieser am Kehlkopf meßbare Vorgang heißt Subvokalisieren: Unwillkürlich suchen wir beim Lesen nach dem Wort im Blick, das zu dem paßt, das wir gerade innerlich mitsprechen. Danach wird das gefundene Wort subvokalisiert, und wir nehmen wieder das folgende, im Klang passende Wort dazu. Blick für Blick reiht sich so Subvokalisation an Subvokalisation. Automatisch verknüpfen wir die Wörter zu Klangfolgen – ehe wir den Satz verstehen.

Das innere Mitsprechen ordnet also. Es bringt die einzelnen Wörter in dem Wörtersalat, den die Augen auf der Netzhaut abbilden, in die sprachliche Reihenfolge, die den Sinn ergibt. Dann verstehen wir den Text. Die übrigen Wörter, die wir mit jedem Blick darüber, daneben und darunter zusätzlich wahrnehmen müssen, können wir für das Verstehen nicht nutzen. Das Subvokalisieren ist also notwendig für das Lesen, damit unsere Augen nicht kreuz und quer in den Zeilen herumhüpfen – und damit wir beim Lesen überhaupt etwas verstehen können. Sie sollten also nicht versuchen, sich das innere Mitsprechen abzugewöhnen. Sie brauchen es.

Dieser Mechanismus ist für das Lesen so wichtig, daß wir ihn in Kapitel V ausführlicher beschreiben werden. Bisher haben wir lediglich dargestellt, was er beim Aufnehmen von Schriftzeichen bewirkt und wie das Subvokalisieren die Augen steuert, damit Sinnerfassen beim Lesen möglich wird. Im fünften Kapitel erfahren Sie, wie bedeutsam er für die Lesegeschwindigkeit und Lesesicherheit ist.

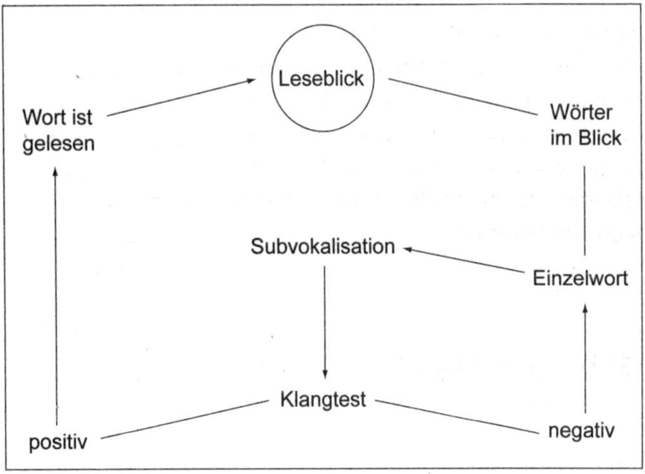

Abbildung 9 | Schnell im Bild - So lesen wir

Rasch informiert: So lesen wir

Mit einem Blick auf den Text nehmen wir viele Wörter wahr. Dann prüfen wir ein Wort nach dem anderen, ob es zu dem Wort paßt, das wir zuvor gelesen haben. Dabei entscheidet nicht der Sinn oder Unsinn, den die zwei Wörter miteinander ergeben würden – sondern ausschließlich, ob sie gut zusammen klingen. Anders ausgedrückt: Ob wir den Klang kennen, den die Wörter miteinander erzeugen. Und das wissen wir mit unserem »Lesegefühl«. Wir meinen damit nicht das, was Sie im Lexikon als »Sprachgefühl« finden, »was in einer Sprache richtig oder falsch ist«. Das ist ein »grammatikalisches« Gefühl. Das Lesegefühl aber hat mit Grammatik nichts zu tun; es begleitet die Subvokalisation. Dieses Lesegefühl erläutern wir ausführlich in Kapitel V.

Damit wir diesen Klangtest durchführen können, vertonen wir die Buchstaben regelrecht. Das geschieht, indem wir die Wörter innerlich mitsprechen (subvokalisieren). Ist der Klangtest negativ, versuchen wir es mit einem anderen Wort aus der Blickfläche. Wenn der Test jedoch positiv ausgeht, haben wir damit das Wort gelesen. Und werfen den nächsten Leseblick …

13 | Lesen und Geschwindigkeit

Je heller das Licht ist, desto schneller blickt das Auge

Wenn Sie bis hier gelesen haben, wissen Sie schon recht gut, wie die Augen lesen. Sie kennen das Filmmaterial, das im Auge vorhanden ist. Sie kennen den Sehwinkel, in dem Sie lesen. Sie wissen jetzt, daß dadurch die Fläche, welche die Augen dafür nutzen können, eine berechenbare Größe ist. Und Sie wissen, daß Ihre Augen für das Lesen einen Steuerungsmechanismus benötigen, der Subvokalisation heißt. Kurz: Sie kennen die Möglichkeiten und Grenzen Ihrer Augen als Lesewerkzeug.

Noch nicht ausführlich behandelt haben wir die Belichtungszeit. In der Physiologie werden für eine Fixation – das meint die Aufnahme, die die Augen machen – als Grenzwerte angegeben: 150 bis 400 Tausendstel Sekunden, je nach Leselicht. Hinzu kommen 50 Millisekunden für den Blickwechsel und die Feineinstellung (Grüsser). Ist das Licht schwach, benötigen Ihre Augen fast eine halbe Sekunde, um Schriftzeichen scharf abbilden zu können. Das bedeutet: nur zwei Fixationen in der Sekunde. Möglich wären aber fünf Bilder pro Sekunde. Für gutes Leselicht sind vier eine realistische Orientierung: 250 Millisekunden für jeden Blick – eine Viertelsekunde. Dann kommt der nächste Blick. In einer Minute können unsere Augen beim Lesen also 240 scharfe Bilder auf der Netzhaut herstellen.

Schlechtes Licht bremst also Ihr Lesetempo. Denn es hängt von der Helligkeit ab, ob 150 oder 400 Millisekunden Belichtungszeit erforderlich sind, damit die Zellen der Netzhaut, mit denen wir lesen, aktiviert werden. So kann man also auch nicht üben, schneller zu gucken, um schneller zu lesen. Denn das Tempo der Bildfolge ist durch das Arbeitstempo der Zapfen natürlich begrenzt und lichtabhängig. Ihr natürliches Potential jedoch – 240 scharfe Bilder in der Minute – können Sie optimal nutzen: mit gutem Licht.

Und 240, das ist ein Wert, der uns ständig begegnet: Denn seit Jahren messen wir die Geschwindigkeit für genaues Lesen. Da wir aber mit sehr unterschiedlichen Berufs- und Leseerfahrungen konfrontiert werden, haben wir zunächst erwartet, daß die individuellen Lesegeschwindigkeiten für denselben Testtext unterschiedlich hoch sind. Aber wir messen seit Jahren Lesegeschwindigkeiten, die kaum voneinander abweichen. Die Mehrzahl der Messungen ergibt rund 240 Wörter in der Minute. Amerikanische

Untersuchungen kommen zu ähnlichen Ergebnissen: In den 1950er und 1960er Jahren war »speed reading« in den USA verbreitet. Das Institut »Evelyn Wood Reading Dynamics« maß Lesegeschwindigkeiten bei College-Absolventen. 220 Wörter in der Minute wurde damals als mittleres Lesetempo von dem Institut angegeben.

14 | Lesetempo ist gleich Sehtempo

Ein Blick, ein Wort: das natürliche Lesetempo

Die Daten für die Fixation, die wir der Physiologie entnehmen, erklären unsere Testergebnisse: Die Belichtungszeit der Augen beträgt – wenn sie scharf sehen – rund eine Viertelsekunde.

Automatisch bilden unsere Augen also in jeder Sekunde Blick für Blick vier Fotos scharf auf der Netzhaut ab. Pro Blick ein Wort – der Rest ist Rechnen: Vier Blicke pro Sekunde sind vier Wörter pro Sekunde, und das sind 240 Wörter in der Minute. Die Aussage »Zum Sehen und zum Lesen benutzen wir dieselben Augen« klingt banal. Das Ergebnis, daß das Lesetempo unser Sehtempo ist, überrascht.

Zwischenbemerkung: Unglaubliche Geschwindigkeit

Die Aussagen »Zum Sehen und zum Lesen benutzen wir dieselben Augen« und »Das Lesetempo ist unser Sehtempo« gelten selbstverständlich auch für das Turbo-Lesen genannte Schnell-Lesen. Wir haben es bisher in diesem Buch schon mehrfach erwähnt – erwähnen müssen, weil wir die meisten unserer Erfahrungen zum Lesen daraus ableiten. Darum beschreiben wir es an dieser Stelle, nachdem wir soeben das Zusammenwirken von Seh- und Lesetempo dargestellt haben.

Schnelleres Lesen trainierte bereits in den 1950er und 1960er Jahren Evelyn Wood, deren Arbeit wir im Abschnitt 49 »Schnell-Leser haben Weitblick« würdigen. Dort lesen Sie auch ein wenig über japanische Methoden des schnelleren Lesens.

Schnell-Lesen nutzt Extrem-viel-Lesern, die ihr Berufslesen schon gut organisiert haben. Wenn sich das Ungelesene dann aber trotzdem türmt, versuchen manche zunächst, einfach irgendwie schneller zu werden: Sie hetzen sich durch den Text, der meistens zu lang ist, als daß sie ihn gelassen lesen könnten. Daß sie dabei riskieren, flüchtig zu lesen, wird ihnen noch bewußt. Daß sie dabei sogar ihre Lesefertigkeit gefährden, registrieren sie eher selten. (Im Abschnitt 45 »Grenzgänger lesen gefährlich« wenden wir dazu in Kapitel V noch ein paar Zeilen mehr auf.)

Im Training des Turbo-Lesens geschieht zwar ähnlich Einfaches wie beim Erlernen des Autofahrens oder beim Schwimmen- und Lesenlernen sowie dem Einstudieren eines Musikinstruments. Es bedarf allerdings stets einer individuellen Begleitung, ist also nicht autodidaktisch zu leisten. Denn mitnichten ist Turbo-Lesen einfach nur schnelleres Lesen. Vielmehr optimiert es, bis zur physiologischen Grenze, den Vorgang der Informationsaufnahme. Statt wie bisher mit jedem Blick nur ein Wort zu lesen, lernt der Trainierende, seine Blickfläche vollständig zu nutzen: Er erkennt mit einem Blick je nach Druckbild bis zu vierzig Wörter, die über-, unter- und nebeneinander stehen. Das können Sie sich leichter vorstellen, wenn Sie den 9. und den 10. Abschnitt

(»Blickgröße« und »Wörtersalat«) gelesen haben. Ein ähnliches Modell beschrieb bereits 1969 McLaughlin. (»Reading at impossible speeds«; vgl. 48. Abschnitt) Das Gehirn ist in der Lage, die so gelesenen Informationen zu verarbeiten. So wird die natürliche Blickkapazität genutzt, was beim herkömmlichen Lesen nicht möglich ist.

Vierzigfaches Lesetempo, das ist kaum vorstellbar. Tatsächlich aber wird genutzt, was ohnedies vorhanden ist: Der Mensch kann so schnell lesen, wie er gucken kann. Die Geschwindigkeit beim Turbo-Lesen kommt zustande, indem der Blick an den Zeigefinger geheftet wird – der im Sinnestakt über den Text schwingt. Die Augen können nicht anders, als dem Finger automatisch zu folgen. Wenn sich etwas bewegt, müssen die Augen hinterherschauen. Dieses Überlebensprogramm aus der Urzeit wird so für das Lesen eingesetzt (vgl. auch: Zwischenbemerkung »Die Reiz-Hierarchie«). Die physiologischen Grenzen des Lesens werden also nicht manipuliert, sondern der Turbo-Leser erreicht sie – aber leider nicht im Selbststudium.

15 | Der Leseplatz

Mindestens 1.000 Lux – aber bitte blendfrei!

Zunächst muß der Arbeitsplatz blendfrei sein. Und auch die Hersteller von hochwertigen Computermonitoren berücksichtigen das. Eine zweite wichtige Bedingung: gutes Licht. Fordern wir also: »Mehr Licht!« Jedoch: Wieviel des »Mehr« braucht es, damit aus der Beleuchtung ein optimales Leselicht wird?

Schauen wir doch wieder in die Physiologie. In dem »Taschenatlas der Physiologie« (Seite 287) wird die »relative

Leuchtdichte« auf die »Adaptationszeit« von Stäbchen und Zapfen bezogen. Leider erklärt der Begleittext nicht, was das ist, eine »relative« Leuchtdichte. Man erfährt lediglich – was allgemein bekannt ist –, daß sich die Augen an wechselnde Lichtverhältnisse anpassen. Diese Kenntnis nützt uns aber für den optimalen Leseplatz nichts. Denn wenn sich die Augen ständig an wechselnde Lichtverhältnisse anpassen müssen, ermüden sie rascher. Was wir also benötigen, ist eine Maßzahl für das richtige, das gute Dauerlicht. Dazu brauchen wir Aussagen über die optimale Beleuchtungsstärke, die in Lux gemessen wird. (Die Leuchtdichte beschreibt aber nur, was eine Lichtquelle aussendet, nicht jedoch, was bei uns davon ankommt.)

Weiter hilft uns ein Physikbuch. Bei Horst Kuchling finden wir die Anforderungen an die Beleuchtungsstärke in Arbeitsräumen. Empfohlen wird

- bei grober Arbeit 100 Lux
- 300 Lux bei mittlerer Arbeit
- bei feiner Arbeit 1.000 Lux
- und 5.000 Lux bei sehr feiner Arbeit

In welchen Bereich gehört nun das Lesen?

- Ist es mittlere Arbeit?
- Ist es feine Arbeit?
- Ist es sehr feine Arbeit?

Darüber finden wir leider keine Angaben. Aber überlegen Sie doch selbst anhand der natürlichen Beleuchtungsstärken nach Kuchling: Bei welchem Licht können Sie am besten lesen?

Kuchlings Tabelle:

Sonnenlicht im Sommer	100.000 Lux
Sonnenlicht im Winter	10.000 Lux
bedeckter Himmel im Sommer	5.000 bis 20.000 Lux
bedeckter Himmel im Winter	1.000 bis 2.000 Lux
nachts bei Vollmond	0,2 Lux
mondlose klare Nacht	0,0003 Lux

An einem guten Leseplatz sollten Sie mindestens 1.000 Lux messen. Das entspricht dem, was Kuchling für feine und sehr feine Arbeit als normale Beleuchtung angibt. Das paßt auch zu dem, was Hugo Schmale schreibt: Eine Lichtstärke von 1.000 Lux steigert die Leistung und vermindert die Ermüdung zum Beispiel an einem Arbeitsplatz, an dem Waren oder Werkstücke sortiert werden (vgl. Schmale, Seite 133).

Neuere amerikanische Untersuchungen haben im übrigen gezeigt, daß bei Bürobeleuchtung über 1.000 Lux die depressiven Erkrankungen der Bürokräfte stark zurückgingen. Bei modernen Computerbildschirmen sind 1.000 Lux auch kein Problem mehr. An ihnen kann bei hell erleuchtetem Büro noch gut gearbeitet werden.

Die Frage, bei welcher Beleuchtungsstärke noch gut gelesen werden kann, führt nebenbei zu einem sehenswerten Aspekt des Sehens: Wußten Sie, daß Sie schwarz-weiß sehen können? Wenn nicht, unternehmen Sie doch einmal einen Abendspaziergang. Und nehmen Sie auch Ihre Tageszeitung mit. Setzen Sie sich auf eine Bank – und warten Sie, bis die Dämmerung anbricht. Dann werden Sie etwas Interessantes beobachten: Bei einer bestimmten Helligkeit sehen Sie zwar noch – aber nicht mehr farbig. Bei Nacht sind eben alle Katzen grau. Und wenn das Gras nicht mehr grün ist, bemerken Sie auch, daß Sie Ihre Zeitung nicht mehr lesen können. Denn jetzt sind die Zapfen, die außer Farben sehen auch lesen können, abgeschaltet. Die Stäbchen haben übernommen. Die sehen zwar noch recht gut schwarz-weiß, aber nicht scharf genug, um lesen zu können.

Das ist eine Grenze Ihres Sehens. Sie sollten sie aber nicht ausgerechnet am Arbeitsplatz erfahren.

Wenn es uns gelungen ist, Ihren kreativen Zweifel zu wecken, kaufen Sie sich ein Luxmeter, wie es die Fotografen verwenden. Damit können Sie messen, ob Sie das Minimallicht haben, damit das Lesen Sie nicht anstrengt. 1.000 Lux sollten es sein.

Mit den drei folgenden Beispielen wollen wir Sie anregen, Ihren eigenen Arbeitsplatz kritisch zu betrachten und zu prüfen, ob Sie vielleicht mit wenig Aufwand Ihren Augen Gutes tun können. Geben Sie Ihren Augen eine Chance – gestalten Sie Ihren Leseplatz, wenn nötig, um.

Ein einsamer Student liebte es, bei Schummerlicht zu arbeiten. Das war so schön gemütlich. Der Schein einer Kerze tauchte sein Zimmer in ein warmes Flackerlicht. Ein Spotlight beleuchtete zusätzlich grell sein Lehrbuch. Er wunderte sich, warum er regelmäßig bereits nach einer halben Stunde müde wurde.

In einem Krankenhaus hatte die Organisationsleitung in einem düsteren Flur eine Schreibmaschine zwischen zwei Schränken aufbauen lassen. Dort mußte eine medizinische Schreibkraft nach Banddiktat Krankenberichte tippen. Der korrekturlesende Arzt registrierte, daß bei der sonst so zuverlässigen Mitarbeiterin Orthographiefehler gehäuft auftraten, seitdem sie an diesem Platz schrieb.

Die Sachbearbeiterin unserer Krankenkasse berät in einem langgestreckten Raum aus Glas und Stahl, den ein Tresen teilt. In der einen Hälfte verkehrt das Publikum. Dort toben auch die Kinder ratsuchender Mütter und Väter herum. In der anderen Hälfte arbeiten Computer und klingeln Telefone – für jede der zehn Fachkräfte, die hier arbeiten sollen, eine Ausstattung. Am Ende des Großraumbüros bearbeitet der Chef einen Aktenberg. Eine Sachbearbeiterin beschwerte sich: Es bereite ihr große Mühe zu telefonieren. Sie könne sich im Gespräch kaum konzentrieren. Und was das Lesen anginge, habe sie schon völlig resigniert. Die neuesten Bestimmungen und Verordnungen nehme sie lieber mit nach Hause. Im Büro strenge sie das Lesen zu sehr an.

Nach welchen Kriterien auch immer die beschriebenen Anordnungen von Mensch und Gerät sinnvoll sein mögen – als Bedingung für konzentriertes Arbeiten sind sie ein Graus. Generell ist ein Großraumbüro für jemanden, der konzentriert lesen will, kein brauchbarer Arbeitsplatz. Im übernächsten Abschnitt lesen Sie, wie Bewegung und Kontraste stören – selbst wenn Ihnen das gar nicht bewußt wird.

Doch vorher suchen wir noch ein wenig nach der Lesemedizin.

16 | Ergonomie – die Lesemedizin?

Wir versuchen, die Ergonomie des Lesens zu entdecken

Wenn Sie am Bildschirm arbeiten und auf graue Buchstaben blicken müssen – welche Farbe sollte dann der Hintergrund haben? Das und vieles andere mehr untersucht die Ergonomie, die Wissenschaft um den arbeitenden Menschen. Sie ist heute anerkannt wichtig. Zahlreiche

Facetten des Berufslebens werden daraufhin erforscht, wie sie ergonomisch besser gestaltet werden können.

Die Ergonomie des Lesens scheint aber nirgends erforscht zu werden. Das würde erklären, wieso Ratgeber, wenn sie Beleuchtungsstärken empfehlen, Lichtverhältnisse am Schreibtisch verordnen, die mehr das Energiesparen im Auge haben, als daß sie den Augen gutes Leselicht anbieten.

Vergleichen Sie selbst mit dem, was wir der Physiologie des Sehens entnehmen. In der Tabelle des Physikbuches von Horst Kuchling (vgl. Abschnitt 15 »Der Leseplatz«) wird Tageslicht an Beispielen (bedeckter Himmel) mit weit über 1.000 Lux angegeben – was sich im übrigen mit der allgemein bekannten Empfehlung deckt, das Tageslicht sei immer noch das beste Arbeitslicht. Wer an der Energie für Leselicht spart, berücksichtigt nicht, was Standardwerke der Medizin schreiben: daß die Belichtungszeit unserer Augen zwischen 150 und 400 Millisekunden schwankt. Und daß jene sich vor allem danach richtet, ob das Licht gut oder schlecht ist. Bei schlechtem Licht benötigen Ihre Augen eine längere Belichtungszeit – Sie lesen also langsamer!

Auch in der Broschüre eines Herstellers von Büromaschinen lesen wir, daß Werte von 1.000 Lux in Büros nicht erforderlich wären. Empfohlen werden statt dessen »Beleuchtungsstärken zwischen 400 und 850 Lux für normale Tätigkeiten«, was immer das sei.

Für Arbeitsplätze am Bildschirm werden sogar nur 500 Lux empfohlen. An anderer Stelle wird in dem Prospekt dargestellt, daß bei »Beleuchtungsstärken von über 1.000 Lux … dunkle Symbole und Zeichen auf einem hellen Hintergrund vorzuziehen sind, während helle

Symbole und Zeichen auf dunklem Hintergrund bei einer Beleuchtungsstärke von weniger als 1.000 Lux günstiger sind.«

Das müßte Ihnen bekannt vorkommen: dunkle Symbole und Zeichen auf einem hellen Hintergrund. So etwas halten Sie gerade in der Hand, während Sie dieses Buch lesen. Wir halten auf Grund des Ergebnisses dieser Untersuchung den Umkehrschluß für zulässig: Beim Lesen von dunklen Zeichen auf hellem Papier, was der normalen Situation eines Lesers entspricht, sollte das Buch von mindestens 1.000 Lux beleuchtet sein. Außerdem ist unbedingt zu berücksichtigen, daß Brillengläser Licht schlucken. »Eine gute Autofahrerbrille, die auch zur Nachtfahrt geeignet ist, sollte mindestens 85 Prozent Licht durchlassen«, so das Kuratorium Gutes Sehen, das wir bereits zitiert haben. Auch eine gute Brille hält somit 15 Prozent Licht zurück. Wenn Sie wollen, daß 1.000 Lux bei Ihren Augen ankommen, brauchen Sie als Brillenträger mindestens 1.200 Lux zum Lesen an Ihrem Arbeitsplatz. Entspricht die Beleuchtungsstärke am Schreibtisch dem unteren Wert der Empfehlung, also nur 450 Lux, sieht der Brillenträger höchstens 383 Lux. Eine getönte Brille schluckt noch mehr Licht.

Manche Berufstätige können ihren Arbeitsplatz selbst ergonomisch verbessern. Sie können sich damit ihr Arbeitsleben erleichtern. Zu den Tätigkeiten, die meist jeder selbst gestalten kann, gehört das Lesen. Die Ergonomie des Lesens jedoch ist, wie Sie sich leicht selbst überzeugen können, noch kaum untersucht. Mit unserem Buch wollen wir auch dazu beitragen, daß das Lesen endlich als Arbeit ernst genommen und Forschungsgegenstand der Ergonomie wird.

17 | Computerfische stören beim Lesen

Ein Urtrieb lenkt uns ab: Bewegung macht das Lesen schwer

In immer mehr Büros schwimmen bunte Fische über den Computermonitor, damit er geschont wird, wenn ihn niemand benutzt. Sie haben als Leser keine Chance, wenn Sie neben solchen bewegten Bildern konzentriert arbeiten wollen. Denn Ihre Augen müssen immer wieder nachsehen, was sich da bewegt. Sie können sich nicht daran gewöhnen. Die Sinnesphysiologen drücken es so aus: »Neu in der Gesichtsfeldperipherie auftauchende Objekte lösen reflektorische Augen- und Kopfbewegungen aus.« (Grüsser in: »Physiologie des Menschen«, Seite 260)

Die Physiologen meinen damit, daß Sie keine Wahl haben: Wenn sich etwas in Ihrem Gesichtsfeld bewegt, müssen Ihre Augen hinschauen. Auch heute noch hilft Ihnen dieser Reflex, wenn Sie die Straße überqueren. In der Vorzeit war er sogar lebensnotwendig für den Menschen als Jäger und Gejagter. Ohne diesen Mechanismus wäre der Mensch nur ein hilfloses Opfer gewesen. Bewegung bedeutete für unsere Vorfahren stets Gefahr.

Am Arbeitsplatz eines Lesers jedoch ist dieser Reflex heute überflüssig. Aber abstellen können Sie ihn nicht. Wenn Sie also konzentriert lesen wollen, dann verbannen Sie alles aus Ihrem Gesichtsfeld, was sich bewegt, und schaffen Sie Ruhe um sich herum: Der Sekundenzeiger der Uhr auf Ihrem Schreibtisch stört Sie ebenso beim Lesen wie eine Stubenfliege.

Der einsame Student, von dem wir berichtet haben, konnte dem bewegten Flackerlicht seiner Kerze nicht entkommen. Selbst wenn er ihr den Rücken zukehrte, verfolgten ihn die flinken Schatten, die Kerzenlicht an der Wand erzeugt. Und eine Schreibkraft in einen belebten Durchgang zu postieren ist ein arger Schildbürgerstreich – den sich zudem noch Fachleute für Organisation geleistet haben.

18 | Kontraste lenken ab

Wenn im dunklen Leseraum grelles Licht den Text beleuchtet …

Glanzpapier und spiegelnde Flächen in Ihrem Gesichtsfeld sind ebenfalls Störfaktoren. Sie blenden und lenken vom Lesen ab. Kontrastreiche Flächen im Raum ziehen Blicke auf sich und mindern dadurch die Konzentration.

Ein Freund arbeitete in einem Büro, in dem Lesen kaum möglich war: Er saß mit dem Gesicht zu einem kleinen Fenster. (Das Fenster im Blick stört, sobald sich draußen etwas bewegt.) Der Schreibtisch war schwarz, die Regale um ihn herum waren voller bunter Bücher. Der Raum war finster. Nur ein greller Strahler spiegelte sich im Lack des schwarzen Schreibtisches. Solch ein hell ausgeleuchteter Leseplatz im sonst dunklen Raum ist ein Kontrast, der das Sehen beim Lesen stört. Denn die Augen schauen reflexartig immer wieder nach, was aus dem Dunkeln kommen könnte – ohne daß der Leser das bemerken muß.

Die Folge ist: Die Augen werden schneller müde. Konsequenz: Der Raum darf nur wenig dunkler sein als der Leseplatz. Wenn Sie also konzentriert lesen wollen, schalten Sie nicht nur die Schreibtischlampe ein, sondern unbedingt auch die Deckenleuchte. Für ein störungsfreies Lesen eignet sich am besten eine Umgebung in gedeckten, freundlichen Farben. Denn grelle Farben in Ihrem Gesichtsfeld hemmen zusätzlich den Lesefluß.

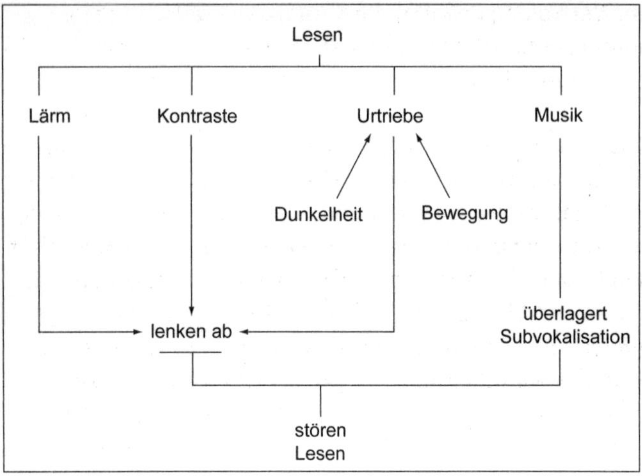

Abbildung 10 | Schnell im Bild: **Was beim Lesen stört**

Der einsame Student, von dem wir berichtet haben, hatte auch diesen Lesefehler zu erleiden: Kerzenlicht mag zwar als Gegengewicht zum grell erleuchteten Lehrbuch gut sein für das Gemüt, ist aber schlecht für das Lesen. Das Flackerlicht der Kerze stört, weil es sich bewegt. In solchen Leselagen muß man sich nun einmal entscheiden: Entweder will man es gemütlich haben – oder man ist gut zu seinen Augen. Nur am optimal gestalteten Leseplatz kann konzentriert und zeitsparend gearbeitet werden.

Mit Gemüt hat auch das nächste Beispiel zu tun:
Wir lernten einen Offizier kennen, der sich zur Schreibtischarbeit abkommandiert fühlte. Außerdem hatte ihn der Marschbefehl von seinen geliebten bayerischen Alpen weg in das flache Land verschlagen. Darum wollte er sich ein Stückchen Heimat in seine Schreibstube holen. Das war ihm mit einer Fototapete gelungen: Die Alpen glühten vor seinen Augen an der Wand. Nun berichtete

uns der Soldat, daß ihm die Kopfarbeit Kopfschmerzen bereite. Er führte das auf sein Heimweh zurück, was ihn von der Arbeit ablenke.

Tatsächlich lenkten ihn die Alpen von der Arbeit ab. Aber es war das Alpenpanorama seiner Fototapete und nicht das reale in Bayern. Die Anregungen aus einem Gespräch setzte er kreativ um und erzielte noch einen positiven Nebeneffekt damit: Der Offizier drehte ganz einfach seinen Schreibtisch herum. Jetzt hatte er die geliebten Alpen hinter sich und nur eine schlichte graue Wand vor sich. Konzentriertes Arbeiten war nun wieder möglich. In den Arbeitspausen konnte er dennoch das Panorama genießen – brauchte er sich doch nur herumzudrehen. Der positive Nebeneffekt: Das Licht vom Fenster kam nunmehr von der richtigen Seite, wenn er schrieb. Denn seine Schreibhand warf nicht länger Schatten.

Rasch informiert: Was beim Lesen stört

Es gibt einiges, das Sie beim Lesen stören kann. Das meiste kommt von außen, manches auch aus Ihrem Innern.

Störenfriede sind unter anderen Lärm und Kontraste. Aber auch wenn Ihre Urtriebe angesprochen werden, etwa durch Bewegung oder Dunkelheit, wird die Kulturtechnik Lesen gestört.

Ihr innerer Lesemechanismus wird zum Beispiel durch Hintergrundmusik zusätzlich belastet. Denn Melodie und Rhythmus des Musikstücks überlagern den Sprachrhythmus und die Satzmelodie – stören die Subvokalisation (vgl. Abschnitt 38).

Zwischenbemerkung: Ein wenig schneller stört

Gestört werden kann der Mechanismus des inneren Mitsprechens auch durch Selbstversuch. Dazu verführt der Wunsch, den früher oder später jeder Leseprofi verspürt, noch schneller zu lesen, auch wenn er schon sehr schnell liest.

Vergleichsweise harmlos ist es, in einem Text jeden zweiten Absatz auszulassen, weil klar zu sein scheint, was dort geschrieben steht. Gerne wird dabei in Kauf genommen, daß nur die Hälfte gelesen wird, verdoppelt sich doch das Aufnahmetempo.

Störanfällig wird das Lesen bei dem, der willkürlich im Text herumhüpft. Er riskiert nicht nur, Informationen zu übersehen, sondern sogar seine Lesefertigkeit zu verlieren. Wer also versucht, immer schneller zu lesen, ohne auf sein Lesegefühl zu achten, liest schnell flüchtig. Denn das Tempo für genaues Lesen läßt sich mit dem Willen nicht beeinflussen (vgl. Kapitel V).

Zwar ist es möglich, daß Sie beim Lesen mehr als ein Wort pro Blick in der Zeile erfassen (vgl. Abb. 6 »Wörtersalat«). Mit dem natürlichen Aufnahmetempo von 240 Wörtern in der Minute, wird der Satz »Der Ball ist rund und bunt« noch in sechs Blicken gelesen. Ist aber die vertraute Klangfolge, »Der-Ball« – »ist-rund« – »und-bunt«, dann reduziert sich die Zahl der erforderlichen Blicke auf drei – die Lesezeit ist halbiert und das Tempo verdoppelt: 480 Wörter pro Minute.

Doppelt so schnell zu lesen können Sie aber nicht mit dem Willen erzwingen. Denn herkömmliches Lesen ist nur dann sicher und nicht flüchtig, wenn es nicht willkürlich beschleunigt wird. Hetzen Sie sich also nicht beim Lesen, auch wenn Ihr Tempo niedriger als 240 Wörter pro Minute sein sollte. Dauerhaft steigern können Sie Ihr Tempo ohnedies nur, indem Sie sehr, sehr viel lesen. In Kapitel V beziehen wir generell Position zur Lesebeschleunigung.

19 | Sehen ist Datenarbeit im Kopf

Fernblick macht die Linse dünn: der Autofokus unserer Augen

Ein optisches System, das so schlecht arbeite wie unsere Augen, tauge nicht viel, sagte im 19. Jahrhundert der Physiker Hermann von Helmholtz. Was er damit sagen wollte, lesen Sie in der Überschrift: Das Linsensystem unserer Augen bildet so unzulänglich ab, daß zusätzliche Datenarbeit nötig ist, um ein scharfes Bild der Welt zu bekommen. Wir könnten mit dem, was hereinkommt, wenig anfangen, wenn unser Gehirn nicht so leistungsstark wäre, daraus etwas Vernünftiges herzustellen. Als Fotoapparat wären unsere Augen sicherlich schlecht zu verkaufen. Die Physik gilt allerdings für die Augen wie für die Kamera (vgl. Abb. 11 »Fern-Sehen und Lesen«):

Wenn die Augen auf die Ferne eingestellt sind, kommt das Licht in parallelen Strahlen an und wird so gebrochen, daß auf der Netzhaut ein scharfes Bild entsteht. Beim Lesen sind die Verhältnisse anders: Wenn Sie auf ein Buch schauen, fokussieren Ihre Augen automatisch. Das heißt: Die Augenlinsen verändern ihre Form, werden dicker und brechen das Licht, das ankommt, stärker. Das ist erforderlich, damit auch beim Lesen ein Bild auf Ihrer Netzhaut entsteht, das scharf genug ist, damit es vom Gehirn verarbeitet werden kann. Je dichter Sie das Buch an Ihre Augen herannehmen, um so stärker müssen sich Ihre Augenlinsen krümmen. Täten die Augenlinsen das nicht, könnten Sie nicht lesen. Alles wäre

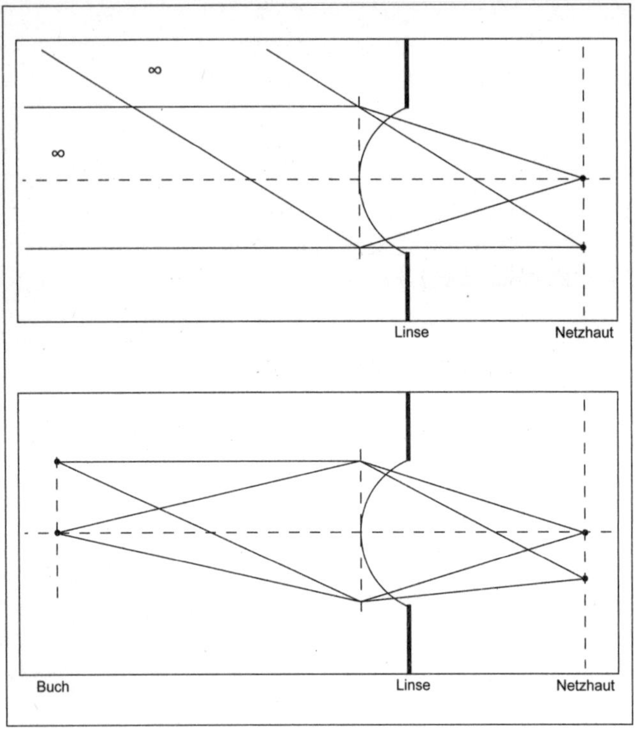

Abbildung 11 | Fern-Sehen und Lesen

vor Ihren Augen verschwommen. Es wäre so, als ob Sie durch das Buch hindurchschauen.

Damit ist klar, was das Fokussieren leistet: Es sorgt dafür, daß der Gegenstand, den Sie betrachten, tatsächlich scharf genug auf Ihrer Netzhaut abgebildet wird. So können Sie das Auto zwanzig Meter entfernt ebenso scharf sehen wie die Schriftzeichen, die Sie in diesem Moment lesen, in einem Abstand von etwa 40 Zentimetern.

Kapitel II

Ein Bild vom Text – das Textbild

20 | Textbild im Gespräch

Haben Sie das Wesentliche im Blick, verhandeln Sie stets mit Übersicht

Unser Gesprächspartner zeigte uns ein Blatt mit einer Unternehmensstrategie für fünf Jahre, das er seinem Vorstand vorlegen wollte. Wir schlugen ihm vor, uns die Thesen zu erläutern. Während er berichtete, stellten wir ein Textbild her. Das Textbild sei übersichtlich, lobte er, sei doch das Wesentliche gut im Blick. Er wolle es von seinem Grafiker für die Sitzung mit dem Vorstand gestalten lassen. Vielleicht könnten dann die endlosen Diskussionen vermieden werden, die es sonst regelmäßig über einzelne Formulierungen gebe, meinte er.

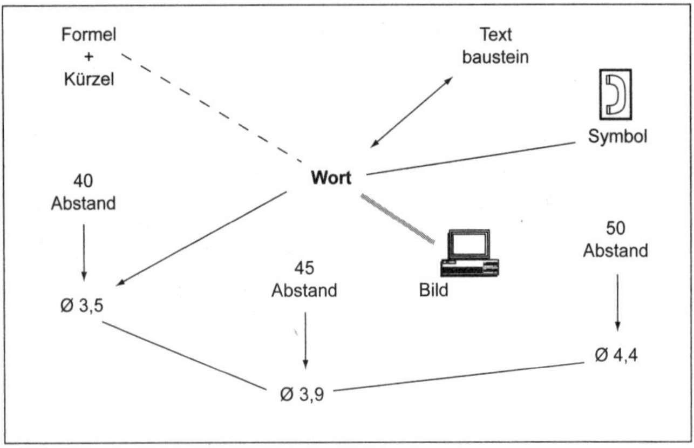

Abbildung 12 | Textbild-Ergonomie

Wie ein Textbild hergestellt wird (vgl. Abschnitte 22 bis 26) und seine Ergonomie (Abb. 12), erläuterten wir auch einem Unternehmensberater, der das Textbild nun ebenfalls für die Präsentation einsetzt. Er stellt Firmenleitungen sein Beratungskonzept in Vorträgen vor. Ehe er die

Methode Textbild kannte, hatte er seinen Vortrag vom Blatt abgelesen. Kamen Zwischenfragen, geriet er in Schwierigkeiten. Seit er seinen Vortrag in Textbilder umgeschrieben hat, liegen statt eines Papierstapels nur noch zwölf Blatt Textbilder vor ihm. Er trägt jetzt frei vor und kann auf jede Reaktion seiner Zuhörerschaft eingehen, ohne daß es seinen Vortragsfluß stört.

Auch von einigen Bundestagsabgeordneten wissen wir, daß Sie das Textbild nicht nur verwenden, um ihre Leseleistung selbst zu messen. Sie setzen es zusätzlich in ihren Wahlkampfveranstaltungen ein. Eine vorgefertigte Rede ließen sich seine Zuhörer nicht gefallen, berichtete einer von ihnen. Wolle er nicht an seinen Wählern vorbeireden, müsse er aus dem Stand auf die Argumente eingehen können. An einen Ghostwriter könne er diese Aufgabe nicht delegieren. Selbst müsse er seine eigenen Gedanken – vorher – gut sichtbar sortieren. Das gelinge ihm mit der Methode Textbild sehr gut. Seit er mit Textbildern arbeite, entglitte ihm keine Veranstaltung mehr. Der Abgeordnete berichtete weiter, er nutze das Textbild auch zum Mitschreiben. Über die wesentlichen Anliegen seiner Wähler setze er sich mit seinem Textbild selbst ins Bild.

Gespräche anhand der Methode Textbild zu führen kann in vielfältiger Weise nützen: Sobald Sie die Methode sicher beherrschen – wir erläutern das Verfahren noch in allen Einzelheiten –, können Sie es auch während eines Gespräches einsetzen. Verwenden Sie dann das Textbild, um sichtbar zu machen, wo noch etwas geklärt werden muß. Gestalten Sie damit Ihren Dialog. Bei schwierigen Verhandlungen behalten Sie leichter den Überblick.
Und Sie können die Argumente Ihres Gegenübers in das Textbild hineinnehmen. So laufen Sie auch nicht Gefahr, am Gesprächspartner vorbeizureden – oder gar zu dozieren.

Und immer dann, wenn Sie im Gespräch auf Personen treffen, die andere Vorkenntnisse haben als Sie, schafft das Textbild eine Brücke für das Gespräch.

21 | Die Gedanken strukturieren

Prüfen Sie den Text auf Logik – mit dem Lesebild

Zunächst haben wir Ihnen den Nutzen von Textbildern vorgestellt – für das Gespräch, für die Diskussion, für die Präsentation. Hier sind die Vorteile offensichtlich. Darum haben wir damit begonnen. Nun ist das Thema dieses Buches: »Effizientes Lesen«. Was können da Textbilder leisten? Lesezeit ist rar und das Lesen kostet Zeit. Zusätzlich Textbilder zu erstellen kostet dann noch mehr Zeit. Und die meisten Leser meinen ja auch, wenn sie etwas ein einziges Mal ordentlich gelesen haben, ist es im Kopf. Wozu also noch ein Verfahren erlernen und einsetzen, das sicher wieder Zeit kostet?

Das Textbild als »Lesebild« nützt Ihnen vor allem dann – und das klingt zunächst paradox –, wenn es Ihnen hilft, Lesen zu vermeiden. In Kapitel III bringen wir das Konzept, mit dem Textbild Lesen zu vermeiden – und trotzdem informiert zu sein – auf den Punkt. Wenn Sie also mit sich noch uneins sind, ob Sie sich die Methode Textbild erarbeiten wollen, dann unterbrechen Sie an dieser Stelle und blättern Sie weiter zu Kapitel III. Wenn wir Sie aber bereits davon überzeugt haben, daß Sie ein Lesebild gut gebrauchen können, dann lesen Sie einfach weiter.

Ein weiterer Nutzen des Lesebildes: Sie ersparen sich bei schwierigen Texten das Mehrfachlesen. Außerdem legt es Verständnislücken offen, entlarvt logische Brüche im Text, läßt Wortblasen platzen.

Textbilder zeigen Ihnen auch schneller als die üblichen Notizen, welche Informationen für Sie wichtig sind. Es liegt also nahe, die Notizen durch das Textbild zu ersetzen. Versuchen Sie dabei aber nicht, den Text vollständig wiederzugeben. Die Methode Textbild hat allerdings einen Mangel: Textbilder erklären sich selten selbst. Besonders Lesebilder nützen nur dem, der sie herstellt. In diesem Mangel liegt aber auch eine zusätzliche Chance der Methode: Niemand außer Ihnen kann Ihr Textbild verstehen. Wenn Sie es also für den Dialog mit anderen einsetzen, werden Sie als Gesprächspartner auf keinen Fall entbehrlich.

Wenn Sie ein Textbild herstellen, dann ist es Ihr ganz persönliches, das nur Sie verstehen: Priorität haben Ihre Ideen und Ihre Einfälle – sowie Ihr Nutzen und Ihr Leseeffekt, den Sie damit prüfen können. Ob Ihre Wiedergabe dem Autor gefallen könnte oder vollständig ist, sollte Ihnen gleichgültig sein. Wir haben einige Textbilder in unser Buch aufgenommen – stets aber erklären wir sie auch mit Text. Denn wir wollen ja, daß Sie diese verstehen.

Gleichwohl wirken Textbilder auch eigenständig sehr anregend. Sie können die Gruppe, den Gesprächspartner oder den Leser zum Nachdenken anregen. Der Text dazu wird in diesem Fall nicht mitgeliefert. Die Einfälle und Ideen kommen vielmehr vom Betrachter. Sie werden gesammelt und diskutiert. Damit wird das Textbild zu einer nützlichen Technik der Moderation. Ein Beispiel ist das »Leistungsdreieck« (vgl. Abb. 13). Betrachten Sie es und überlegen Sie, was Ihnen dazu einfällt. Wenn Sie es einer Gruppe vorlegen, können Sie gewiß sein, daß eine intensive Diskussion darüber entsteht. Anregend wirkt es, weil es komplexe Sachverhalte sparsam darstellt. Je knapper und übersichtlicher das Bild ist, desto mehr Einfälle können die Betrachter haben.

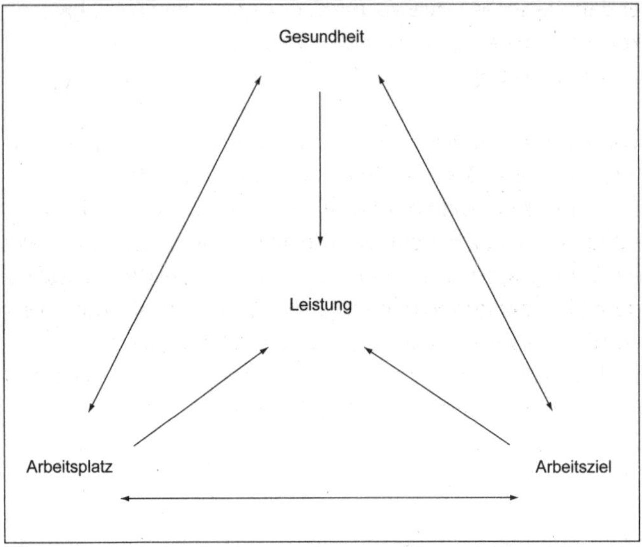

Abbildung 13 | Das Leistungsdreieck

Allerdings ist es sehr viel einfacher, ein Blatt vollzuschreiben, als sich auf Weniges, wirklich Wesentliches zu beschränken – und dieses gut zu strukturieren. Es fordert viel mehr Gedankenarbeit, ein Textbild spartanisch herzustellen.

Diese Schwierigkeit beschreibt auch der Witz von dem Professor, der einen Radiovortrag halten sollte. Der Redakteur fragt, ob der Professor den Vortrag zum Sendetermin in einer Woche halten könne. Dieser will wissen, wieviel Sendezeit er bekomme. Fünf Minuten, ist die Antwort. Der Professor bedauert, ablehnen zu müssen: Für einen Fünf-Minuten-Vortrag benötige er drei Monate, um sich angemessen vorzubereiten. Der Redakteur ist entsetzt. Wenn der Professor für einen Fünf-Minuten-Vortrag drei Monate benötige, wie könne er dann seiner Lehrtätigkeit nachkommen? Für einen Zwei-Stunden-Vortrag brauche er dann ja sechs Jahre Vorbereitungszeit. Der Professor korrigiert: Einen Zwei-Stunden-Vortrag könne er gerne morgen aus dem Stand halten.

Wir möchten einem Mißverständnis vorbeugen, das jetzt entstehen könnte. Wenn wir empfehlen, das Textbild als Lesebild oder Protokoll einzusetzen, darf es selbstverständlich nicht viel Zeit kosten, es herzustellen. Wie ein Stenogramm muß es zügig in wenigen Sekunden auf dem Blatt entstehen können. Zeitaufwendiges Herumfeilen empfehlen wir nicht. Nur wenn Sie hochkomplexe Sachverhalte zum Beispiel für eine Diskussion aufbereiten wollen, lohnt sich diese Mühe. Dann verwenden Sie Zeit darauf, das Textbild zu gestalten. Und Sie erreichen, daß wenig im Bild bei anderen viel bewirkt.

»Aktionsbilder« sind ein Mittelding zwischen dem Lesebild, das einem Entwurf gleicht, und der gedruckten Vorlage für die Präsentation. Aktionsbilder verbinden unsere Methode Textbild, die mit eher einfachen Mitteln auskommt, mit den Möglichkeiten moderner Zeichenprogramme. Letztere können nützlich eingesetzt werden, wenn es beispielsweise darum geht, Handlungsanweisungen – vielleicht sogar ohne Begleittext – für andere klar darzustellen. Das setzt allerdings, wie bei der Sprache, eine gemeinsame Grammatik voraus. Es müssen Absprachen darüber getroffen worden sein, was die Zeichen und Bilder in dem Aktionsbild bedeuten. Zumindest muß wahrscheinlich sein, daß der Betrachter ihren Sinn versteht.

Das können Sie leicht nachvollziehen, wenn Sie auf der Autobahn von Deutschland nach Frankreich unterwegs sind. Die großen Hinweistafeln sind Aktionsbilder. Solange Sie sich noch diesseits der Grenze befinden, gilt: Ganz oben auf der Tafel lesen Sie den Ort, an dem Sie ankommen, wenn Sie der Autobahn bis zum Ende folgen. Das nächstgelegene Ziel finden Sie ganz unten. So sehen Sie zum Beispiel, wenn Sie in Köln auf die Autobahn nach Frankfurt fahren, den Hinweis »Frankfurt« ganz oben, darunter »Bonn«, weil Bonn zwischen Köln und Frankfurt liegt. Diese Konvention, die Ihnen vertraut ist, kann Sie in Frankreich in Schwierigkeiten bringen. Sie sollten wissen, daß es dort genau anders herum ist: Das nächstgelegene Ziel steht auf der Hinweistafel ganz oben.

Die Abbildung 14 »Methode Textbild« haben wir noch einmal aufgeteilt in ein Aktionsbild »Das Textbild: Wie stelle ich es her?« (Abb. 15) und in ein kleineres Lesebild »Das Textbild: Was leistet es?« (Abb. 16).

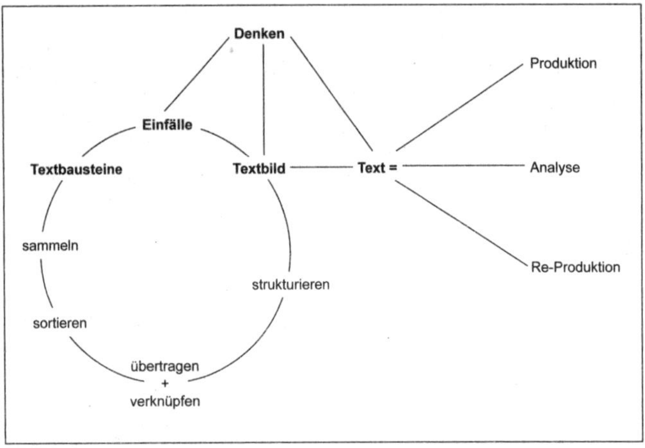

Abbildung 14 | Methode Textbild

22 | Ihr erstes Bild vom Text

Textbilder erstellen Sie bereits vor dem Lesen: die Analyse wird profunder, der Informationsgewinn größer, das Leseziel sicherer erreicht

Sollten Sie sich entschieden haben, unsere Methode Textbild zu erproben, nehmen Sie einen beliebigen, aber nicht zu langen Text zur Hand, den Sie sowieso lesen wollten. Doch lesen Sie bitte nicht gleich los. Fertigen Sie Ihr erstes Textbild an, bevor Sie den Text lesen. Denn von jedem Text, an den Sie herangehen, haben Sie bereits eine Vorstellung, was in ihm enthalten sein könnte. Sie prüfen zunächst, ob Sie sich mit dem Text überhaupt beschäftigen wollen. Das tun Sie mit dem Textbild E (Erwartung): Sie halten fest, welche Informationen Sie sich erarbeiten wollen. Wenn Sie den Text später durchsehen – nicht lesen –, erhöhen Sie Ihre Chance, die für Sie nützlichen Informationen zu finden.

Das zweite Textbild wird das Textbild Null. Null heißt, daß Sie immer noch nicht gelesen haben. Sie haben aber inzwischen den Text ganz durchgeblättert, sich Bilder, Grafiken und Tabellen angesehen, und Sie haben sich Gedanken über den Inhalt gemacht: Sie haben bereits ein Bild vom Text.

Manchmal können Sie danach auf das Lesen verzichten. Wenn Sie sich aber doch entscheiden zu lesen, lenken Textbilder Ihre Aufmerksamkeit. Ihr Informationsgewinn ist größer, und Sie können sich Fakten leichter merken. Sie benutzen das Textbild als Instrument für die Analyse des Inhaltes. Es weist auf die Stellen im Text hin, die jene Informationen enthalten, die Sie brauchen.

Fertigen Sie nach jedem Sinnabschnitt ein Textbild an – solange bis Ihr Bild von den wesentlichen Aussagen vollständig ist. Ein Bild sagt mehr als tausend Worte. Mit dem Textbild prüfen Sie, ob Sie Ihr Leseziel erreicht haben. Sie müssen das Leseziel allerdings vorher definieren, um zu wissen, wo Sie im Text nacharbeiten müssen. Das Leseziel »Ich will alles verstehen und behalten« kann niemand verwirklichen. Stellen Sie ein Textbild der Textbilder her – ohne noch einmal zu lesen. Beziehen Sie Ihre Textbilder E und Null zum Vergleich mit ein.

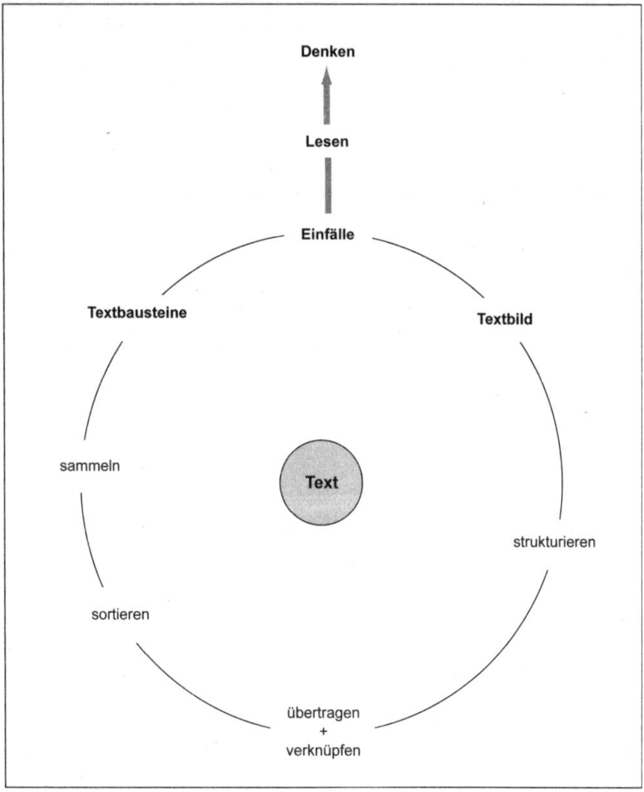

Abbildung 15 | Das Textbild: Wie stelle ich es her?

23 | Wichtiges herausfiltern

Keine Panik, wenn nichts dabei herauskommt

Es kann vorkommen, daß Sie nach einem Lesevorgang das Gefühl haben, es stünde nichts in dem Text oder Sie hätten nichts verstanden. Kein Grund zur Panik: Vielleicht hat der Autor schlecht gearbeitet. Das Textbild entlarvt logische Brüche und Wortgeklingel. Gelegentlich kommt es Ihnen auch nur so vor, als hätten Sie nichts verstanden. Wenn Sie in der Klangproduktion des Autors mitschwingen, wie es für das zeilenweise Voranlesen notwendig ist (warum das so ist, lesen Sie in den Kapiteln I und V), halten Sie manche Worthülse für Information. Hier hilft Ihnen Ihr Textbild, die Substanz aus dem Text herauszuziehen und die logischen Zusammenhänge zu Papier zu bringen. Fassen Sie Textbilder zusammen zu einem neuen Textbild. So filtern Sie das Wichtige heraus. Immer kompaktere Textbilder werden für Sie zum wertvollen Konzentrat.

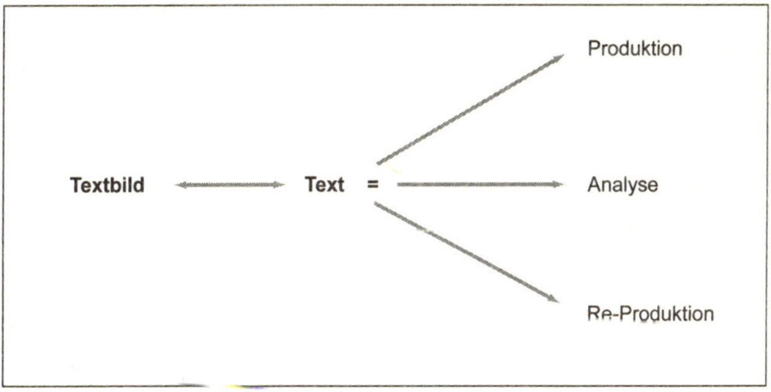

Abbildung 16 | Das Textbild: Was leistet es?

In Kapitel IV (»Lesen mit System«) stellen wir Ihnen ein sehr kleines Format des Textbildes vor: das Textbild in der Lernkartei. Sie werden erfahren, wie Sie die Methoden Textbild und Lernkartei kombinieren können, um sich

Zugang zu sehr verdichtetem, zumeist kurzem Text zu verschaffen. Da ist es anders als bei den Lesebildern, mit denen Sie viele Seiten Text zu überschaubaren Einheiten zusammenfassen. Mit den »Lernbildern«, der Lernkartei mit Textbild, zerlegen Sie Lerninhalte in leicht verdauliche Einheiten – bildhaft. Ein einziger Satz bedarf manchmal vieler Textbilder, bis er verstanden ist.

24 | Dialog über den Inhalt

So üben Sie, Textbilder herzustellen

Das Textbild üben Sie am besten mit dem Lesestoff, den Sie sowieso bearbeiten müssen: Geschäftspost, Berichte, Fachartikel. Aber lesen Sie den Stoff anders als gewohnt. Stören Sie Ihre Gedanken nicht, indem Sie im Text anstreichen, unterstreichen oder mit dem Marker einfärben.

Sie benötigen viel Papier im DIN-A4-Format, um die Methode zu üben. Für den Anfang brauchen Sie außerdem viele Zettel, die am besten vier mal vier Zentimeter klein sind. Das ist Ihr Sehformat. Bei einem Leseabstand von 40 Zentimetern sehen Sie eine Kreisfläche mit dem Durchmesser von 3,5 Zentimetern auf einen Blick scharf, was Sie in Kapitel I lesen können.

Lesen Sie den Text zunächst einmal ganz durch. Anschließend legen Sie ihn weg und schreiben Ihre Einfälle zum Text in Stichwörtern auf die kleinen Zettel, und zwar diagonal, denn im Rautenformat paßt auch ein etwas längeres Wort auf den Zettel. Benutzen Sie auch Abkürzungen, Zeichen und Symbole, die Ihnen vertraut sind. (Niemand außer Ihnen muß Ihr Textbild verstehen: Im Textbild führen Sie einen Dialog mit sich selbst über den Inhalt des Gelesenen.)

Schreiben Sie stets nur einzelne Stichwörter auf die Zettel, damit Sie den Inhalt eines jeden Zettels auf einen Blick erfassen können. Längere Stichwörter schreiben Sie getrennt untereinander oder kürzen sie ab. Wenn Sie zum Beispiel in Ihr Textbild aufnehmen »Michael E. Porter, Professor an der Harvard Business School«, dann benötigen Sie eine ganze Sekunde, um »Professor« und »Harvard Business School« zu lesen, falls Sie das in einer Zeile nebeneinander geschrieben haben. Schreiben Sie aber oben »Prof. Harvard«, darunter »Business« und ganz unten »School«, dann passen die vier Wörter in eine Blickfläche, die Sie in einer Viertelsekunde erfassen können. Oder Sie übernehmen das Kürzel »HBS« in Ihr Textbild, sofern Ihnen diese Abkürzung geläufig ist.

Wenn Ihnen nichts mehr einfällt, ordnen Sie Ihre Zettel mit viel Zwischenraum auf dem Schreibtisch. Legen Sie sich mit den Zetteln eine Struktur vom Inhalt des soeben Gelesenen. Nehmen Sie weitere Einfälle auf Zettel dazu. Ihre Einfälle sind die Textbausteine. Aus ihnen entsteht Ihr Textbild.

25 | Vom Einfall zum Schlüsselwort

So bringen Sie Struktur in Ihre Textbilder

Übertragen Sie die Textbausteine nun auf ein DIN-A4-Blatt. Nehmen Sie Papier ohne Linien und ohne Karos, damit Ihre Gedanken nicht eingesperrt werden. Denken Sie wieder über den Inhalt nach und sortieren Sie aus, so daß Sie weniger schreiben müssen und Zeit sparen. Kleben Sie also die Zettel mit Ihren Einfällen nicht einfach auf das Blatt. Übernehmen Sie nur die Schlüsselwörter in Ihr Textbild.

Schließlich verknüpfen Sie die Textbausteine, die übrig bleiben, zu einer Struktur des Inhaltes. Setzen Sie Pfeile,

Striche und Symbole ein. Ihr Textbild sollte auf ein DIN-A4-Blatt passen. Nehmen Sie das Blatt quer, dann können Sie logische Strukturen leichter darstellen. Das Hochformat hingegen verleitet zum Auflisten.

Nach einigen Versuchen entsteht Ihr Textbild auf dem Blatt, ohne daß Sie die Zettel noch brauchen. Sie sollten jeden Textbaustein mit einem einzigen Blick sehen können. Schreiben Sie also wenig und kurz. Der Abstand zwischen den Bausteinen muß mindestens eine Blickgröße haben. Diese Distanz benötigen Sie, damit Sie von Textbaustein zu Textbaustein denken können. Deshalb muß ein Textbild übersichtlich sein. Dann ist es Ihr Bild vom Text.

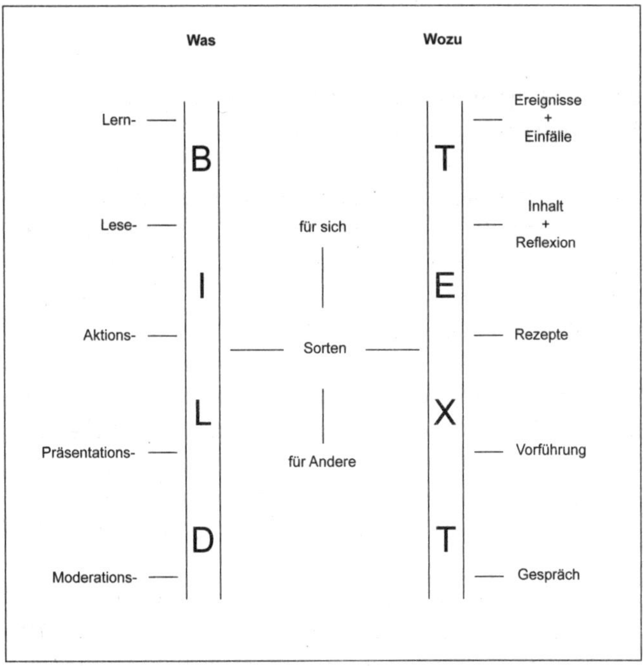

Abbildung 17 | Schnell im Bild - Textbild-Sorten

Rasch informiert: Textbild-Sorten

Sie können das Textbild vielfältig nutzbringend einsetzen: Als Lesebild verwenden Sie es nur für sich. Sie reflektieren den Inhalt eines Lesestücks, indem Sie ihn wiedergeben. Und zum Einarbeiten in ein völlig neues Fachgebiet nützt Ihnen das Textbild in der Lernkartei als Lernbild.

Sie können das Textbild auch zur Moderation oder Präsentation verwenden. Dann regt es das Gespräch oder Einfälle dazu an. Manchmal ist es auch ein Aktionsbild, das Handlungsanweisungen gibt. (vgl. Abb. 20 Aktionsbild »Lesen mit System«)

26 | Textbild-Ergonomie gegen Textbild-Unfälle

Tips und Tricks für gute Textbilder

Sie haben nun das Grundrezept für das Herstellen von Textbildern bekommen. Sehr bald werden Sie Ihren persönlichen Stil entwickeln. Das ist gut so. Denn nur was Ihnen vertraut und selbstverständlich ist, können Sie zeitsparend zu Ihrem Nutzen einsetzen, wird zur vernünftigen Arbeitsroutine. Aber Vorsicht: Vielleicht schleichen sich bald Gewohnheiten ein, die dann den Nutzen der Methode mindern. Damit Sie solchen Unfällen vorbeugen können, geben wir Ihnen noch ein paar Regeln für die Methode Textbild an die Hand. Sie lassen sich teilweise aus unseren Einsichten zum Sehen ableiten, die Sie im ersten Kapitel gelesen haben. Einiges erkennen Sie in Abbildung 12 »Textbild-Ergonomie« wieder. Die beiden ähnlich aussehenden Bilder, Abbildung 18 und Abbildung 19, stellen dar, wie wir den Schaden bei einem unserer eigenen Textbild-Unfälle behoben haben. Das lesen Sie noch in diesem Kapitel.

Doch hier zunächst die Regeln zur Textbild-Ergonomie:

Die Fläche, auf der Sie Ihr Textbild anfertigen, sollte frei sein von Farbe und Linien. Auch unbenutzte Rückseiten sollten Sie für Textbilder nicht verwenden; die Vorderseite scheint durch. Farben und Konturen auf dem Blatt lenken Sie ab, bevor Sie überhaupt etwas zu Papier gebracht haben. Und an Papier zu sparen kann tödlich sein für Ihre Gedanken.

Manchmal treibt die Sparsamkeit kuriose Blüten: Der Chef einer Behörde notierte alles, was er sich merken wollte, auf die Rückseite von gebrauchten Umschlägen. Aus diesem Grunde gab es eine Dienstanweisung, die eingehende Post sehr vorsichtig zu öffnen und die Couverts zu sammeln. Alle Mitarbeiter unterstützten stolz diese Sparsamkeit. – Der Kopfarbeiter jedoch, der unsere Methode Textbild einsetzt, benötigt viel weißes Papier und muß damit verschwenderisch umgehen.

Format und Größe des Papiers werden bestimmt vom Zweck. Für das Lernbild zum Beispiel eignen sich Karteikarten in DIN-A6, für das Lesebild das A4-Format. In beiden Fällen aber plädieren wir dafür, das Blatt quer zu verwenden. Im Querformat entstehen Ihre Textbilder rascher und werden besser. Nur in wenigen Fällen ist das Hochformat richtig. Und zwar immer dann, wenn es darum geht, eine zeitliche Abfolge oder eine Hierarchie darzustellen. Dann unterstützt das Hochformat die Struktur, die gemeint ist.

Das Lesebild hat aber zumeist ganz andere Erfordernisse, die dafür sprechen, es ins Querformat zu bringen: Verschiedene Schlüsselbegriffe wollen nebeneinander – gleichberechtigt – aufeinander bezogen werden. Der Raum des Blattes kann quer großzügiger genutzt werden. Das schafft Raum für die Gedanken. Und weder sollten sich Ihre

Textbausteine in eine Ecke des Blattes verkriechen, noch darf die Größe des einzelnen Bausteins die Grenze der Blickfläche sprengen. Das Motto lautet also: Wenig auf dem Blatt ist meistens mehr! Nehmen Sie lieber öfter ein neues Blatt und stecken Sie ein mißlungenes Lesebild sofort in den Papierkorb. Und entwerfen Sie rasch mehrere – zu einem Gedanken, zu einem Thema. Versuchen Sie nicht, an einem einzigen Textbild lange herumzuarbeiten, bis Sie es für perfekt halten. Akzeptieren Sie lieber den raschen Entwurf. Lassen Sie Ihre Einfälle auf das Blatt fließen und blockieren Sie sich nicht durch den Anspruch, ein schönes Textbild gestalten zu wollen.

Das wichtigste Prinzip jedoch lautet: Ein Textbild enthält ganz viel Bild und möglichst wenig Text. Sie sollten möglichst wenig darin lesen müssen. Das erreichen Sie, indem Sie die Textteile so anordnen, daß Sie diese jeweils auf einen Blick erkennen können. Sonst kippt das Textbild um: Es wird vom Textbild zum Bildtext. Und dann verschenken Sie die Vorteile gegenüber den herkömmlichen Notizen. Ihr Textbild ist nicht mehr übersichtlich. Seine Struktur versinkt im Chaos der Fragmente.

Sie können dem vorbeugen: Schreiben Sie jeden Textbaustein so auf, daß er in eine Blickfläche paßt. Denn wenn Sie diese Grenze überschreiten, fangen Sie an, Sätze oder Satzfragmente zu lesen. Solche sollten in Ihrem Textbild nicht enthalten sein. Sie können den Baustein sonst nicht mehr erblicken, Sie müßten ihn wieder lesen. Berücksichtigen Sie also unbedingt die Maßzahlen für den Durchmesser von Blicken, wenn Sie die Textbausteine notieren. Wie Sie das ganz praktisch mit den Zetteln in die Wege leiten, haben wir ein paar Absätze weiter vorne genau beschrieben: abkürzen, lange Wörter trennen, im Textbaustein die Teile nicht nebeneinander, sondern untereinander anordnen und Text durch Kürzel, Formeln und Symbole ersetzen.

Und noch eine Regel: Der Mindestabstand der Textbausteine zueinander sollte so groß sein wie ihr Durchmesser. Auf diese Weise entsteht die Struktur des Bildes. Des weiteren spricht dafür, die Textbausteine in Distanz zueinander anzuordnen: Es ist die Zeit, die von Ihren Gedanken genutzt wird. Während Sie sich von Baustein zu Baustein blickend bewegen, können Einfälle entstehen.

Und die letzte Regel: Das Textbild ist spartanisch.

Diese Regel einzuhalten scheint besonders schwerzufallen, obwohl gerade sie für die Gedankenarbeit vor und nach dem Lesen die wichtigste ist. Denn die Möglichkeiten der Computergrafik verführen dazu, Wichtiges einzurahmen, zu fetten, zu unterlegen, zu rastern. Mit Papier und Bleistift rasch ein paar Textbausteine ins Bild setzen ordnet und bewegt Ihre Gedanken viel stärker, als es die beste Computergrafik kann. Ganz allgemein dominieren grafische Elemente, die hervorheben und unterstreichen sollen, leicht die Textbausteine, auch wenn Sie nur mit dem Stift gezeichnet sind. Die Aussage des Textbausteins wird durch Rahmen, Einkreisen und Verstärken abgeschwächt. Das Gegenteil von dem tritt ein, was mit den grafischen Hilfsmitteln erzielt werden soll. Denn sie verdecken den Inhalt und lenken von den Aussagen ab. Dem Kopfarbeiter, der mit Papier und Bleistift seine Gedanken für sich selbst sortiert, stiehlt grafisches Gestalten zudem kostbare Zeit.

Das möchten wir Ihnen an einem Textbild-Unfall verdeutlichen. Betrachten Sie bitte die Abbildungen 18 und 19 zur Textbild-Ergonomie – und vergleichen Sie. Es ist eindeutig: Nummer 18, mit den Kreisen, ist der Unfall.

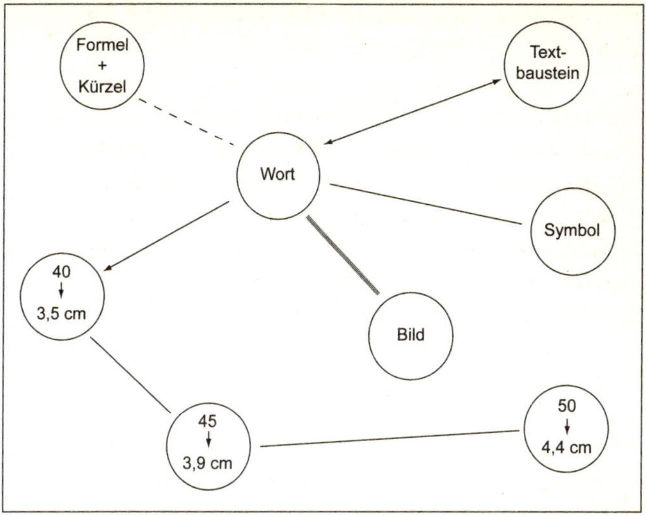

Abbildung 18 | Textbild-Unfall

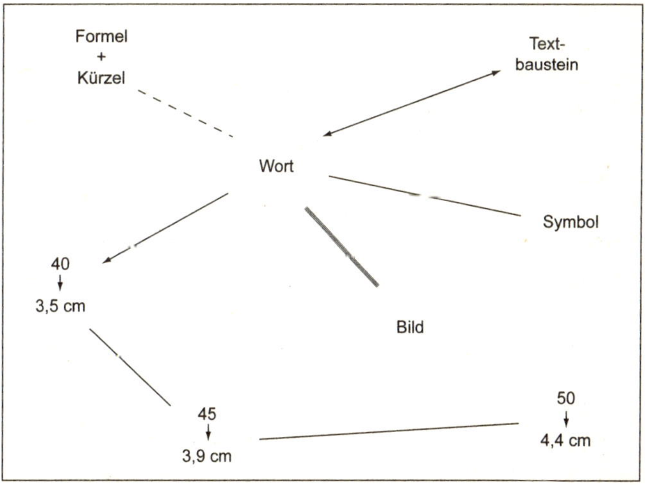

Abbildung 19 | Textbild-Reparatur

Die Idee, Text strukturell ins Bild zu setzen, ist nicht neu. Neu ist aber die sparsame Gestaltungsform, die wir aus unserer Lesetheorie herleiten. Sagen wir es provokant: Die Zwischenräume zwischen den Textbausteinen sind im Textbild manchmal bedeutsamer als die Schlüsselbegriffe selbst. Der Versuch allerdings, die Begriffe hervorzuheben, engt sie ein.

Zwei Hauptwege führen zum Textbild-Unfall: das Streben nach Perfektion und mißlungenes Chaos-Management. Der Versuch, vollständig wiedergeben zu wollen, möglichst perfekt und dicht am Text, führt unmittelbar zu starren Strukturen, die das Denken blockieren.

Der Versuch, nach dem Prinzip des freien Einfalls das Blatt vollzuschreiben, führt im Extremfall dazu, daß der Betrachter kopfstehen muß, um die Wörter noch lesen zu können. Da hilft es dann auch wenig, wenn die wichtigsten Stichwörter fett, gefärbt, eingerahmt, unterstrichen oder mit Raster unterlegt sind – oder entlang farbiger Linien sich alles aus einem Zentrum heraus entwickelt.

Wir möchten dieses Kapitel nicht so traurig – mit Unfällen – enden lassen. Darum berichten wir Ihnen abschließend noch von den Erfahrungen einer Studentin der Jurisprudenz mit unserer Textbild-Methode.

In ihren Klausuren kam sie regelmäßig in Zeitnot. Sie mußte darin komplexe Fälle lösen, ein Urteil schreiben und es begründen. Bislang las sie ihren Rechtsfall durch und legte sofort mit dem Schreiben los. Trotzdem reichte die Zeit nie aus. Obwohl sie sehr schnell schrieb, hatte sie am Ende der Klausur immer noch soviel Stoff übrig, daß sie mindestens zwei Stunden hätte weiterschreiben können. Und – wohl auch deswegen – reichte es zumeist auch nur zu einem Ausreichend.

Sie berichtete uns auch von einer Hausarbeit, die sie bald abgeben müsse. Sie wisse aber noch nicht so recht, wie sie diesen Fall lösen könne. Der sei wirklich eine harte Nuß. Wir schlugen ihr vor, uns den Sachverhalt vorzutragen. Während wir zuhörten, stellten wir fleißig Textbilder her. Darin gab es auch viele Fragezeichen. Die Studentin der Rechte schaute sich unsere Bilder intensiv an und kommentierte unsere Fragen. Dann hatte sie es auf einmal sehr eilig, nach Hause zu kommen.

Bei einem späteren Besuch erzählte sie uns, sie habe die Arbeit termingerecht abgegeben und die Note sei sogar besser als sonst.

Unsere Textbilder zu ihrer Hausarbeit hatten sie nicht nur angestoßen, den Fall zu lösen – sondern auch angeregt, über ihre bisherige Arbeitsweise nachzudenken. Und in ihrer nächsten Klausur legte sie diesmal nicht sofort mit dem Schreiben los. Sie nahm sich zu Beginn eine halbe Stunde Zeit, das Thema zunächst in Gedanken zu bearbeiten. Die einzelnen Verästelungen des juristischen Sachverhalts setzte sie immer wieder neu ins Bild, bis sie ihn verstanden hatte. Ihre Strukturbilder wurden so zur Grundlage ihres Rechtsaufsatzes. Eine halbe Stunde vor Schluß war sie fertig und konnte ihre Arbeit zufrieden abgeben. Das Ergebnis war ebenso: eine Note besser als sonst in den Klausuren.

Kapitel III

Überblicken mit System

27 | Stapeln statt lesen?
Diagonallesen nützt Ihrem Lesen wenig

Das Lesen stiehlt Ihnen Zeit. Und würden Sie nicht manchmal am liebsten ganz darauf verzichten, weil die Informationen, die Sie brauchen, in Unmengen von Text verborgen sind? Wäre es da nicht besser, Sie verzichteten ganz auf die paar Informationen, die Ihnen das Lesen (noch) liefern könnte? Oder lesen Sie gelegentlich einfach quer?

Das Querlesen oder Diagonallesen ist eine Technik, die immer dann als Lösung angeboten wird, wenn das Lesen viel Zeit stiehlt. Ständig warten neue Papierstapel darauf, abgetragen zu werden. Fragen wir nach, wie das funktioniere, das Querlesen, wird es uns zunächst nicht beschrieben, sondern erst einmal zurückgefragt: »Wie, das kennen Sie nicht?« Und danach wird es demonstriert: Da werden Zeigefinger und kleiner Finger einer Hand abgespreizt und die Hand wird einmal – schwups – senkrecht auf der Seite heruntergezogen. Ein anderer zeigt es uns auch richtig diagonal: Mit dem Zeigefinger malt er ein großes X auf dem Blatt – einmal mit dem Finger von links oben nach rechts unten und dann noch von rechts oben nach links unten auf derselben Seite. Ein Dritter wirft nur einen kurzen Blick auf die Seite und blättert dann weiter. Was denn bei solchem Querlesen herauskomme, wollen wir wissen. Stets wird uns dann gesagt, daß man selbst nichts von dieser Technik halte.

Nun haben solche Versuche durchaus ihr Gutes. Denn zumindest werden die Stapel dabei bewegt. Auch wenn sie nur vom Schreibtisch auf den Fußboden wandern, vom Fußboden in den Keller und vom Keller vielleicht nach einem langen Jahr ins Altpapier. Wenn auch das meiste nicht gelesen wurde, so doch zumindest einiges davon quer.

Lesen sollte das allerdings nicht genannt werden. Denn es bleiben nur ein flüchtiger Eindruck vom Inhalt oder ein paar zufällig aufgeschnappte Fakten. Aber vielleicht sind Sie ja zufrieden damit, da Sie beim Durchblättern wenigstens doch das eine oder andere für Sie Nützliche mitbekommen haben. Manchmal reicht Ihnen das. Bei einigen Büchern oder Zeitschriften reicht das ja auch wirklich. Es bleibt aber nicht selten das Gefühl zurück, die wichtigen oder wesentlichen Informationen doch nicht gefunden zu haben.

Auch das Lesen von Inhaltsverzeichnis und Sachwortregister führt Sie nicht immer zu den Stellen, an denen die für Sie wichtigen Informationen stehen. Sogar Übersichten und Zusammenfassungen sollen häufig vor allem Ihre Neugier wecken und eignen sich nur eingeschränkt zur raschen Information. Und je dicker ein Buch ist, desto stärker wirkt seine Forderung: Ich will – ganz – gelesen werden! Also doch alles gründlich lesen? Ab damit auf den Stapel für den Feierabend, für das nächste Wochenende, für den nächsten Urlaub? Manche Leser entwickeln geradezu perfekte Stapeltechniken:

Stapel 1: »Muß ich lesen!«

Stapel 2: »Sollte ich lesen!«

Stapel 3: »Möchte ich lesen!«

Das wird gerne mit situationsanalytischen Rastern verknüpft, die helfen sollen, Entscheidungen zu treffen. Das Buch über »Lean Management« zum Beispiel, das der Vorstand jedem seiner Direktoren zu Weihnachten geschenkt hat, muß – selbstverständlich – ganz gelesen werden. Das Insidergutachten, streng vertraulich, über die Konkurrenzfirma – selbstverständlich – auch. Ganz … oder? Bald müssen Sie das Kriterium »ganz oder teilweise lesen« einführen. Aus Ihren drei Stapeln werden dann sechs. Und mit jedem weiteren Kriterium verdoppelt sich die Anzahl der bereits vorhandenen Stapel. Wenn Sie in dieser Weise arbeiten, müssen Sie für Ihre Lektüre sehr bald einen Archivar einstellen.

Durch Diagonallesen sind die Stapel leider nicht abzutragen, weil es für genaues Arbeiten ungeeignet ist. Das neue Fachbuch wird darum nie oder nie ganz gelesen; es ist einfach zu dick. Und so stapeln sich Zeitungen und Zeitschriften, Berichte und Bücher. Das Stapeln, und wäre es auch noch so vorzüglich organisiert, ersetzt jedoch das Lesen nicht. Vielmehr führt es häufig direkt in das Nichtlesen oder Kaum-noch-Lesen: Wer die Möglichkeit hat, delegiert das Lesen und läßt sich berichten. Andere gehen ganz bewußt das Risiko ein, beim Querlesen Informationen zu übersehen.

Nun wollen wir Ihnen nicht das Sichten abgewöhnen – das Stapeln wohl. Wir schlagen Ihnen ein planvolles Nicht-Lesen vor: Blättern Sie mit System und überprüfen Sie das Ergebnis mit Textbildern. Dann ersparen Sie sich zeitraubendes Lesen und erfassen dennoch den wesentlichen Inhalt. Das Verfahren beschreiben wir in Abschnitt 29 (»150 Seiten in 75 Sekunden«).

28 | Brauchen Sie Lesenachhilfe?

SQRRR-Methode: für das Lernen vielleicht sinnvoll, für das Lesen sicher nicht

Eine bekannte Lernmethode hat uns dazu angeregt, eine Technik zu erarbeiten, die es erlaubt, auch umfangreiche Texte zu bearbeiten, ohne immer alles zu lesen. Manchmal sogar, ohne überhaupt zu lesen: Verschaffen Sie sich systematisch einen Überblick, und überprüfen Sie das Ergebnis mit Textbildern. Was das Textbild leistet und wie Sie es herstellen, darüber haben wir in Kapitel II ausführlich geschrieben.

Doch bevor wir Ihnen die Methode des Überblickens mit System beschreiben (vgl. Abschnitt 29), stellen wir Ihnen noch kurz eine Lernmethode vor, die uns dazu angeregt hat. Denn in den 1980er Jahren erklärten auch wir diese Lernmethode unseren Leseschülern, damals noch vorwiegend Schüler und Studenten. Sie sollte Schulnoten und Studienleistungen verbessern.

Auch seine Studenten sollten ihren Prüfungsstoff besser lernen. Aus diesem Grunde entwickelte in den 1950er Jahren der Professor der Psychologie Francis P. Robinson an der Ohio State University in den USA diese Technik. In seinem Buch »Effective Study« hat er die intensive und zeitaufwendige »SQ3R«- Methode (»SQRRR«-Methode) dargestellt.

Gut anzuwenden ist die Methode, wenn der Text kurz ist und lernintensiv bearbeitet werden muß. Lernende verschaffen sich zunächst einen Überblick (Survey). Sie stellen sich Fragen (Questions) zum Text. Danach lesen Sie genau (Read). Es folgt das Aufsagen (Recite) – und dann das Wiederholen (Review), das wesentlich für das Lernen ist (vgl. Hülshoff / Kaldewey: Training Rationeller lernen und arbeiten).

Diese Lernmethode wird häufig auch als Methode effizienten Lesens angeboten. Dafür eignet sie sich jedoch nicht. Für Vielleser ist sie zu aufwendig. Wer wird einen Text auch noch mehrfach bearbeiten, wenn er bereits zu wenig Zeit hat, ihn nur ein einziges Mal zu lesen? Texte, die diesen Aufwand rechtfertigen, liest man im Beruf nur selten. Was als Lern- und Arbeitsmethode für Schüler nützlich sein kann, stiehlt im Beruf die Zeit.

US-Professor Robinson richtete sich an die Lese- und Lernlage seiner Studenten. Sie ist mit der Situation deutscher Studierender nicht so ohne weiteres zu vergleichen. Der amerikanische High-School-Abschluß entspricht auch nicht dem deutschen Abitur, sondern eher der mittleren Reife. Und etliche College- und Universitäts-Studenten erhalten ihren Studienplatz, weil sie hervorragende Sportler sind. Um die Mindestanforderung in den übrigen Fächern erfüllen zu können, bedürfen diese Studenten einer intensiven Förderung.

Das ist die Situation, mit der sich sowohl Professor Robinson als auch Evelyn Wood, die das amerikanische »Reading Dynamics« entwickelt hat, befassen mußten. Beide gingen mit ihrem Angebot von dem Bedarf einer Lesenachhilfe aus. Das Gleiche gilt wohl auch für andere amerikanische Autoren (vgl. Fry: »Improve Your Reading« in Abschnitt 4 »Wenn aber das Lesen Arbeit ist …«). Für einen erfahrenen Leser jedenfalls ist die SQ3R- Methode nicht geeignet. Für ihn ist sie nicht effizient.

Zwischenbemerkung: »Effektivizient?«

Dieses Wort ist unsere Erfindung. Wir wollen mit ihr ausdrücken, daß »effektiv« und »effizient« häufig verwechselt werden. »Effizient«, sagt der Duden, ist eine Arbeit nur dann, wenn sie »besonders wirtschaftlich« verrichtet wird. Effektiv war eine Arbeit, wenn das Arbeitsziel erreicht wurde. Effektiv ist sie also bereits, wenn das Ergebnis stimmt; der Duden übersetzt Effekt mit »Wirkung, Erfolg«.

Nehmen wir ein Beispiel: In einem großen Hotel wurde eine Aushilfskellnerin mit einem Stapel schmutzigen

Geschirrs die Treppe hinunter zur Spülmaschine geschickt. Der Aufzug, der das sonst (effizient) leisten konnte, war schon voll. Um den Hotelbetrieb (effektiv) weiter zu gewährleisten – es herrschte Hochbetrieb – mußten Aushilfen die Arbeit der Maschinen teilweise übernehmen. Das Ganze möglichst effizient. Das heißt: im Laufschritt. Der Hotelbetrieb ging also hocheffizient weiter – trotz des überlasteten Geschirraufzuges. In dem Bemühen, so effizient wie möglich zu arbeiten, erlitt eine Aushilfskraft einen schweren, tödlichen Unfall. Sie rutschte auf der Treppe aus – mit einem Riesenstapel Geschirr auf dem Arm.

Noch ein Beispiel: Die Autorin mußte während ihres Studiums stapelweise Papier kopieren. Sie hatte darin eine solche Fertigkeit entwickelt, daß die Geräte in den Kopierläden regelrecht heißliefen. Sie machte sich einen Sport daraus, so flink zu arbeiten, daß keine auch noch so kurze Pause dabei entstand. Das war hocheffizient – aber nur bis zu einem gewissen Tag. Da stand die Maschine plötzlich in Flammen.

Der Inhaber des Kopierladens erklärte uns, es sei wirtschaftlicher, alte Geräte voll auszulasten, anstatt sie zu warten. Wartung – weil zeitintensiv – rechne sich nicht. Das ist sehr effizient gedacht. Denn normalerweise können die Geräte abkühlen, weil sie nicht dauerhaft in Betrieb sind.

Mehrere hundert Kopien ohne Pause jedoch, das überforderte die nicht gewartete Maschine. Die Kopierarbeit der Autorin war ebenfalls effizient aber leider nicht effektiv.

Noch ein drittes Beispiel: Stets arbeiten wir in dem Schnell-Lesen-Training, in dem wir das Turbo-Lesen lehren, zu zweit mit jeweils einem Trainierenden. Wer das zum ersten Mal erfährt, stellt sogleich die Effizienzfrage. Provokant fragen vor allem Unternehmensberater. Denn es ist eine Ihrer

Aufgaben, so zu beraten, daß Arbeit möglichst effizient durchgeführt wird. Ein Berater offerierte uns – nach erfolgreichem Abschluß seines eigenen Trainings – ein komplettes Konzept, mit dem wir unsere Arbeit, wie er meinte, rationalisieren könnten. Er nannte es »Modell Zahnarztpraxis«. Damit, sagte der Berater, könnten wir unseren Umsatz leicht vervierfachen. Vier Beratungszimmer sollten wir einrichten und gewissermaßen im Laufschritt von einem Raum zum anderen eilen. Wir würden gerne durch Effizienz unseren Umsatz derart steigern. Nur würden wir dann in Kauf nehmen, daß der Effekt in Frage stünde. Die Effektivität einer Schulung im »Schnell-Lesen | Turbo-Lesen« hat jedoch absoluten Vorrang vor der Effizienz, könnte doch ein mißlungenes Training das normale Lesen stören.

Der Begriff »Effizienz« wird leider häufig fälschlich statt »Effektivität« verwendet. Manager und Leseprofis müssen zunächst effektiv sein. Das heißt: das vorgegebene Ziel erreichen. Zusätzlich effizient sind sie, wenn das mit angemessenem Aufwand (auch wirklich) gelingt.

Effektiv und zugleich effizient zu arbeiten ist eine schwierige Aufgabe – auch beim Lesen. Das beschreiben wir mit dem Begriff »Lesezwickmühle«. (vgl. Abschnitt 32) Dort stellen wir genauer dar, warum für Leser diese Aufgabe kaum zu lösen ist. Sie müssen sich nämlich manchmal fragen:

Eine Lesearbeit, die ich gar nicht leisten will, soll ich die trotzdem effizient tun? Oder anders: Muß ich etwas lesen, in dem nichts steht? Aber wie kann ich das wissen? Und wie kann ich sicher sein, daß ich nicht den Effekt verpasse, wenn ich versuche, effizient zu lesen – indem ich zum Beispiel gar nicht lese?

29 | 150 Seiten in 75 Sekunden

Unsere Alternative zum Diagonallesen: das Überblicken mit System

Wir haben Professor Robinsons SQ3R-Methode als für Lesemanager nicht geeignet bezeichnet. Zunächst hatten auch wir damit gearbeitet, nicht für besseres Lesen, sondern für besseres Lernen. Denn für das Lesen ist die Methode zu aufwendig, weil ihre einzelnen Arbeitsschritte (Survey, Question, Read, Recite, Review) vollständig nacheinander ausgeführt werden sollen. Auch einzeln sind sie für Leseprofis zeitraubend – bis auf den ersten Schritt.

Nicht losgelassen hat uns dieser erste Schritt: Survey – den Text vor dem Lesen zunächst sichten. Robinsons Buch liefert für diesen Überblick leider keine Gebrauchsanweisung. Also haben wir dafür unsere eigene Methode entwickelt: das Überblicken, das Blättern mit System.

Was beim Lesen stört – Ihre Augen müssen gehorchen, sobald sich etwas bewegt – nützt Ihnen beim Überblicken: Sie können Ihre Augen durch den Text führen, wenn Sie Ihre Hand beim Blättern rhythmisch von rechts oben nach links unten diagonal über jede Doppelseite führen. Auf diese Weise erfassen Sie bei normalem Druckbild ein Viertel der Fläche.

Lassen Sie Ihre Augen dabei nicht zur Ruhe kommen. Denn in dem Moment, in dem Ihre Augen an einer Stelle im Text verweilen, lesen Sie sich fest, ohne daß Sie es bemerken. Für einmal Umblättern lassen Sie sich deshalb höchstens eine Sekunde Zeit. Wenn Sie das durchhalten, können Sie zum Beispiel ein Buch mit 150 Seiten in 75 Sekunden von vorne bis hinten einmal ganz anschauen. Beim Überblicken entsteht in Ihrem Kopf ein Bild vom Inhalt. Ihre Augen haben, auch ohne zu lesen, einiges wahrgenommen, und Ihr Kopf hat es verarbeitet. Halten Sie in dem Textbild Ü (Überblick) dieses Bild vom Text fest, unmittelbar nachdem Sie das Blättern im Sekundentakt beendet haben. Vergleichen Sie das Textbild Ü (Überblick) mit Ihrem Textbild E (Erwartung), welches entstanden ist, bevor Sie angefangen haben, sich mit dem Lesestoff zu beschäftigen. In dem Textbild E haben Sie Ihre Erwartungen an den Inhalt strukturiert. Vielleicht sagen sie jetzt: Das kann nicht funktionieren – denn ich habe doch noch gar nichts gelesen. Nun nehmen Sie jedoch selten ein Buch in die Hand, ohne daß Sie schon eine Idee davon haben, worum es darin gehen könnte.

Es gibt stets Gründe, warum Sie einen Text in Händen halten – diesen Text und nicht irgendeinen anderen. Die Gedanken dazu können Sie als Textbild E aufschreiben. Sicher werden viele Fragezeichen darin sein. Wenn nicht, ja dann brauchen Sie sich wahrscheinlich gar nicht länger mit dem Text zu beschäftigen. Und daß etwas, das man lesen will, nur Unbekanntes enthält, trifft oft nicht einmal bei Berufsanfängern zu. Also wagen Sie es, Ihre ersten Einfälle zum – noch nicht gelesenen – Text ins Bild zu setzen!

Gestalten Sie danach ein weiteres Textbild, in dem Sie die Informationen aus dem Textbild Ü mit denen aus dem Textbild Null verknüpfen. Zu Ihrer Erinnerung: Im Textbild Null ist enthalten, was Sie nach dem Betrachten von Abbildungen, Grafiken und Tabellen festgehalten haben.

Jetzt können Sie über den Inhalt nachdenken und über die Informationen, die Sie wichtig finden. Wieder ohne zu lesen: Zeichnen Sie Ihr Gesamtbild. Kontrollieren Sie sich exemplarisch mit der Stoppuhr, damit das Textbild nicht zur Zeitfalle wird. Für jedes Textbild ein bis zwei Minuten, mehr Zeit sollten Sie nicht aufwenden. Schreiben Sie deshalb knappe Stichwörter, die Sie großzügig auf Ihrem Blatt verteilen und miteinander verbinden, und verwenden Sie Abkürzungen und Symbole, die Ihnen vertraut sind.

Wir wollen Ihnen nicht vorschreiben, wie Sie Ihre Textbilder bezeichnen, wenn wir Ihnen »E«, »Null« und ähnliche Namen anbieten. Wir wollen Sie lediglich damit anregen, daß Sie Ihre Bilder kennzeichnen. Es kann nämlich nützlich sein, daß Sie nachvollziehen können, in welchem Stadium der Bearbeitung eines Textes Sie welches Textbild hergestellt haben.

Denn Lesen ist ein Prozeß. Das wird deutlich, wenn Sie Ihr Leseergebnis mit Textbildern überprüfen. Und manchmal ist es informativ für Sie, genau zu wissen, welche Arbeitsschritte Sie bereits hinter sich haben und was Ihr Textbild dann enthält. Sie können Ihre Bilder auch einfach numerieren. Aber solche Buchstaben, wie zum Beispiel »E«, lassen sich recht gut einsetzen, wenn Sie beschreiben wollen, nach welchem Arbeitsschritt Sie welches Textbild oder welche Textbilder erstellt haben. Das Textbild »E« beispielsweise kann die »Erwartung« ins Bild setzen, die Sie an einen Text haben, die Forderungen, die Sie an seinen Inhalt richten. »E« kann aber auch »Erinnerung« bedeuten, sobald Sie ein Buch in die Hand nehmen, welches Sie bereits gelesen haben. Haben Sie damals schon Textbilder eingesetzt, brauchen Sie nur diese anzuschauen und der Inhalt ist Ihnen wieder präsent, ohne daß Sie den Text noch einmal lesen müßten.

30 | Textbilder steuern punktuelles Lesen

Mit einem Buch strategisch vorgehen

Wenn Sie sich entscheiden, hier und da im Text zu lesen, lenken die zuvor von Ihnen angefertigten Textbilder

Ihre Aufmerksamkeit: Die Lücken in Ihren Strukturen, die Fragezeichen zwischen Ihren Textbausteinen können Sie konsequent abarbeiten. Kontrollieren Sie sich dabei anfangs mit der Stoppuhr, damit Sie pro Textbild nicht mehr als ein bis zwei Minuten nachlesen.

Benutzen Sie hierbei auch das Inhalts- und Sachwortverzeichnis. Suchen Sie im Text gezielt Schlüsselwörter auf: Da stand zum Beispiel ungefähr mitten im Buch rechts oben auf der Seite etwas, das Sie beim schnellen Blättern beinahe Ihren Sekundentakt gekostet hätte. Blättern Sie rasch wieder hin, schauen Sie nach, lesen Sie dort – und nur dort – kurz nach.

Die meisten, vor allem die umfangreichen Texte werden auch ohne die Kenntnis des systematischen Überblickens selten ganz gelesen. So erleben wir es, daß uns Betriebswirte dieselben vielen hundert Seiten renommierter Autoren vorlegen. Manchmal haben sie das Buch sogar zweimal gekauft, aber keinmal gelesen. Oder es sind nur die ersten zwanzig bis dreißig Seiten zeitaufwendig bearbeitet: markiert in Blau, Grün, Rot und Gelb. Ganze Passagen sind fein säuberlich – mit Lineal und Bleistift – unterstrichen. Es finden sich in individueller Symbolik kritische Randbemerkungen. Für 20 Buchseiten wurden mehrere Stunden verbraucht: ein Drittel lesen – zwei Drittel Textarbeit. Gelegentlich rechnen uns die Gesprächspartner selbstkritisch vor, daß in Lebensaltern kalkuliert werden müßte, wenn dieser Aufwand nicht nur für die vorliegenden 800 Seiten, sondern regelmäßig betrieben würde.

Wenn man nur wüßte, an welcher Stelle das steht, was man braucht: am Anfang, in der Mitte oder am Ende? Dann würde es doch reichen, die richtigen zehn Seiten des Buches zu lesen – und alles andere könnte man sich schenken.

Selten steht das Wichtige auf den ersten zwanzig Seiten eines Buches – aber manchmal eben doch. Kreuz und quer hier und da in einem Buch zu lesen gehört zum Standard, wenn Lesen Arbeit ist. Aber Vorsicht: Es kann sein, daß Sie sich festlesen. Dann hat der Autor Sie eingefangen. Und Sie verschenken den allgemeinen Nutzen, den es haben kann, gelegentlich auch ganz unsystematisch kreuz und quer in einem Buch herumzulesen.

Manchmal finden Sie dabei Wichtiges – oder auch Falsches. Wenn Sie herausfinden wollen, ob ein Sachbuch fundiert ist, prüfen Sie das an Stellen, wo Sie sich auskennen. Ist die Darstellung hier korrekt, kann es sich lohnen, den Rest des Buches zu lesen, der neu für Sie ist. Hat der Autor an Ihrer Prüfstelle aber unsauber gearbeitet, ist das möglicherweise nicht die einzige Stelle.

Fachautoren mühen sich, Lesehilfen einzubauen, welche die Entscheidung, wo zu lesen sei, erleichtern sollen. So wurde uns ein Fachbuch der Meß- und Regeltechnik von 200 Seiten vorgelegt, das gut verteilt zehn halbe Seiten Zusammenfassungen enthielt. Tatsächlich faßten diese das Wesentliche zusammen.

Das zumindest meinte unser Gesprächspartner, ein Ingenieur. Vergnügt erzählte er uns, daß er sich nach der Lektüre dieser »Summaries« die restlichen 195 Seiten zu lesen geschenkt habe. Wir bestätigten ihm gerne, daß es auch ohne das Beherrschen unserer Textbild-Methode möglich ist, strategisch zu lesen.

31 | Denken statt lesen

Nicht gleich loslesen, sondern taktisch vorgehen – mit dem Textbild

Wenn Sie Ihr punktuelles Lesen durch Textbilder überprüfen, kostet es Sie zwar manchmal mehr Zeit, als wenn Sie nur Zusammenfassungen läsen. Das Ergebnis wird dann aber für Sie reichhaltiger sein. In jedem Fall können Sie ohne die Sorge, daß Sie Informationen übersehen, Ihr Lesen auf wenige Stellen im Text beschränken. Sie kontrollieren dieses Vorgehen selbst – mit Textbildern. Entscheidend ist ausschließlich das Ergebnis, der Leseeffekt, den Sie erreichen wollen. Ihr Prinzip dabei: denken statt lesen.

Rechnen Sie und vergleichen Sie: 150 Seiten können Sie in 75 Sekunden durch Blättern mit System überblicken. Zehn Textbilder stellen Sie in zehn Minuten her. Wenn Sie für jedes Textbild eine Minute im Text nachlesen, brauchen Sie weitere zehn Minuten. Die Vorarbeit für das Textbild E (Erwartung) und das Textbild Null (Bilder, Grafiken und Tabellen anschauen) braucht noch einmal zehn Minuten. Insgesamt wenden Sie mit dem Verfahren für 150 Seiten rund eine halbe Stunde auf.

Wenn Sie die 150 Seiten – nehmen wir an eines Taschenbuches mit 240 Wörtern auf einer Seite – ein einziges Mal mit 240 Wörtern pro Minute lesen, dann kostet Sie das 150 Minuten – zweieinhalb Stunden, nur um vom Anfang bis zum Ende des Textes zu gelangen.

Die Bilanz: Einer halben Stunde des planvollen Nicht-Lesens stehen zweieinhalb Stunden des Nur-Lesens gegenüber.

Kapitel IV

Lesen mit System

32 | Planvoll lesen contra Lesezwickmühle

Wie Sie mit viel Lesestoff umgehen, den Sie unbedingt durcharbeiten müssen

Die meisten Arbeiten werden geplant. Zwischenkontrollen finden statt. Die Ergebnisse werden mit dem Plan verglichen. Weicht ein Ergebnis vom Plan ab, werden die Arbeit, der Plan oder beide korrigiert.

Wenn Sie lesen, muß diese Arbeit jedoch stets vollständig verrichtet werden, bevor Sie eindeutig wissen, ob sie überhaupt getan werden mußte. Immer dann, wenn Sie vor umfangreichem Text sitzen, sind Sie in einer Zwickmühle. Ganz gleich, wie Sie sich entscheiden: Ob Sie lesen oder nicht – beides kann verkehrt sein. Die Information, die Sie benötigen, kann irgendwo in 500 Seiten stecken. Oder eben nicht.

In den Kommunikationswissenschaften wird eine solche Zwickmühle »double bind« oder auch »Beziehungsfalle« genannt. Jede mögliche Entscheidung ist falsch. Wie Sie sich auch verhalten, so oder so, sie handeln nie richtig. Was immer sie tun, es schadet Ihnen. (Vgl. Watzlawick / Beavin / Jackson: Pragmatics of Human Communication).

Lesen Sie den ganzen Stapel, haben Sie sehr viel Zeit verbraucht. Lesen Sie nur diagonal oder gar nicht, fehlen Ihnen vielleicht Informationen, die wesentlich für Ihre Arbeit sind. Delegieren Sie das Lesen und lassen sich einen Extrakt geben, können Sie nicht sicher sein, daß auch wirklich das für Sie Wichtige herausgefiltert wurde. Was also können Sie tun?

Als Medizin gegen die Beziehungsfalle wird empfohlen, sich unbedingt aus dem Rahmen herauszubewegen, in dem die

Falle zugeschnappt ist. In Beziehungen gelingt das häufig nicht ohne Hilfe von außen, nicht ohne Beratung. Aus der Lesezwickmühle können Sie sich selbst befreien. Das Mittel heißt »Dialog mit sich selbst über den Text«. In Kapitel II haben wir Ihnen dazu das Instrument geliefert: die Textbild-Methode.

Wenn Sie diese Methode systematisch einsetzen – also mit System lesen –, können Sie Ihr Lesen ebenso planvoll gestalten wie jede andere Arbeit. Die gleichen Forderungen, die Sie sonst an Arbeit richten, können Sie dann auch für Ihr Lesen erfüllen.

Ob der Leseeffekt erreicht ist, prüfen Sie mit Ihren Textbildern. Zu jedem Zeitpunkt während der verschiedenen Leseschritte sind Sie Herr des Lesevorgangs. Wieviel, was, wo – sogar, ob überhaupt – zu lesen ist, entscheiden Sie mit Ihren Textbildern. Sobald Sie erreicht haben, was Sie wollen, brechen Sie das Bearbeiten ab. Ist also der Leseeffekt erzielt, beenden Sie den Lesevorgang.

Manche Texte müssen Sie nun aber sehr gründlich lesen. Wenn Sie nicht daran vorbeikommen, sich eine Lektüre sorgfältig zu erarbeiten, dann lesen Sie auf jeden Fall mit System, damit Sie keine Zeit vergeuden. Es ist leider eine allzu bekannte Situation: Das Schriftstück ist wichtig und keine leichte Kost – aber die Zeit fehlt, es gründlich zu lesen. Wer dann trotzdem eilig losliest, muß oft schmerzlich erfahren: Er versteht den Text nicht. Konzentrationsschwäche? Nein: falsches Lesen! Denn wenn Lesen Arbeit ist, sollte es, wie jede andere Arbeit auch, vorbereitet werden. Das bedeutet, vorher zu überlegen: Was will ich erreichen? Dies kostet zwar auch Zeit, Sie gewinnen aber Zeit, weil Sie dann effizient lesen.

Da uns aber das Lesen so selbstverständlich ist, neigen wir dazu, einfach damit zu beginnen. Denn wer kaum die Viertelstunde Zeit hat, einen Bericht von 15 Seiten nur einmal ganz zu lesen, will keine Zeit zusätzlich verbrauchen, sich auch noch darauf vorzubereiten. Er möchte sich am liebsten mit einem einzigen Mal des Lesens begnügen. Manchmal weiß er aber danach, daß er sich die Lektüre hätte sparen können: Er hat nichts verstanden, weil ihm Vorkenntnisse fehlten. Oder die gewünschte Information war gar nicht im Text enthalten. Er hat umsonst gelesen. In diese Zwickmühle brauchen Sie nicht zu geraten.

Wir schlagen Ihnen ein planvolles Lesen vor: Unser Aktionsbild »Lesen mit System« (Abb. 20) enthält vom ersten systematischen Blättern – dem Überblicken – bis zum Anlegen einer Kartei sämtliche Schritte, die sinnvoll sein können, wenn ein Text gründlich bearbeitet werden muß. Ihr Prinzip dabei: Setzen Sie zunächst die zeitsparenden Schritte ein, die aufwendigeren nur, wenn sich das nicht vermeiden läßt. Entscheidend ist allein das Ergebnis – das ist der Leseeffekt –, das Sie erreichen wollen. Im Dialog mit sich selbst entscheiden Sie, ob und wann Sie welchen Schritt tun.

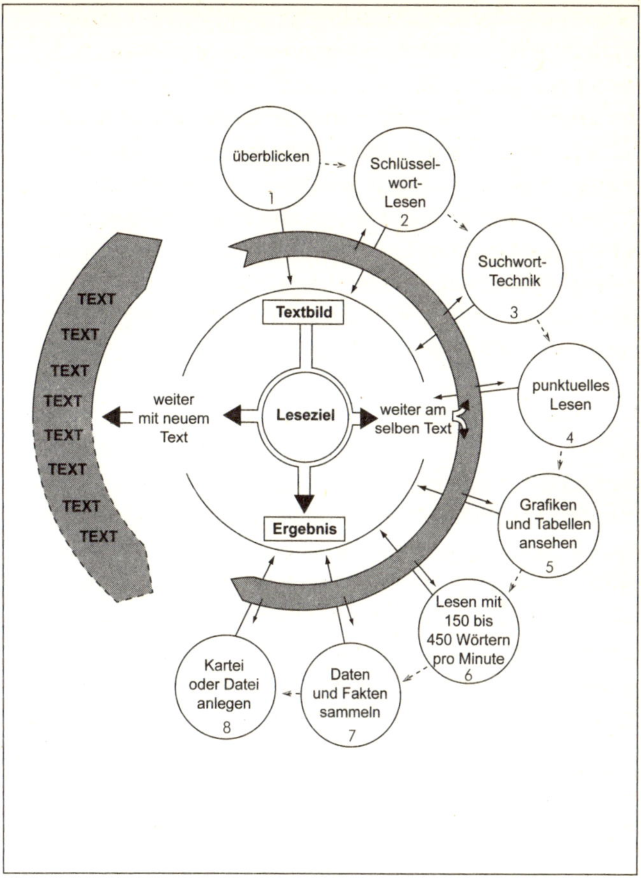

Abbildung 20 | Aktionsbild »Lesen mit System«

33 | Erst denken – dann lesen
Noch mehr Lesetaktik

Der Impuls, sofort mit dem Lesen zu beginnen, läßt häufig eine Zeitfalle zuschnappen. Wer das Lesen rasch hinter sich bringen will, blockiert leicht das Verstehen. Da spart es Zeit und macht den Kopf frei, wenn Sie sich vorher – trotz Zeitnot – darauf besinnen, welches Ergebnis Sie erzielen wollen. Das kann zu sehr verschiedenen Arbeitsschritten führen. Schreiben Sie darum Ihre Leseziele auf und entwickeln Sie diese mit der Textbild-Methode. Ihr Textbild E (Erwartung) zum Beispiel stimmt Sie auf das ein, was Sie lesen werden.

Die einzelnen Arbeitsschritte sind in den peripheren Kreisen in unserem Aktionsbild »Lesen mit System« (Abb. 20) dargestellt. Es kann sinnvoll sein, sie in der vorgegebenen Reihenfolge auszuführen – zum Beispiel, wenn Sie einen bestimmten Lesestoff referieren müssen. Denn dann steht meistens vorher fest, was und wieviel Sie lesen werden. Wenn das aber offen ist, gehen Sie anders vor: Beginnen Sie mit den Arbeitsschritten, die Sie wenig Zeit kosten und rasch dem Ergebnis näher bringen, das Sie erreichen wollen.

Beispielsweise kann es bei einem Text mit nicht bekannten Vokabeln nützlich sein, diese sogleich nachzuschlagen. Oder Sie lesen zügig – ohne Wörterbuch –, um das Verständliche zu verstehen. Häufig klären sich nämlich die Begriffe im Zusammenhang. Und der Leser hat Zeit gespart.

Ein anderes Beispiel: Wenn Sie über einen kurzen, gerafften Text zuviel grübeln müssen, besorgen Sie sich lieber einen längeren und geschwätzigen. Das meinen wir, wenn wir in dem Aktionsbild vorschlagen: »Weiter mit neuem Text«. Dann müssen Sie zwar mehr lesen, aber Ihre Chancen steigen, daß Sie etwas verstehen. Oft ist dann auch Ihr Aufwand insgesamt geringer, selbst wenn es etwas Zeit gekostet hat, sich einen Text zu besorgen, der verständlich geschrieben ist.

Welche Arbeitsschritte Sie einsetzen, prüfen Sie mit Ihren Textbildern. Sie kontrollieren so, was Sie vom Text brauchen, welche Informationen Ihnen noch fehlen. Und Sie wissen, ob Sie noch auf Ihr Leseziel hinarbeiten, wie nahe Sie dem angestrebten Ergebnis gekommen sind – oder ob Sie abschweifen.

Das Überblicken, das Schlüsselwortlesen und punktuelles Lesen haben wir bereits in Kapitel III beschrieben. Sie haben erfahren, wie man 150 Seiten eines Buches in 75 Sekunden systematisch überblicken kann und wie Textbilder punktuelles Lesen steuern können. Und Sie wissen, was das »Textbild Null« leistet, wenn Sie Bilder, Grafiken und Tabellen in einem Text studiert haben.

34 | Lesen oder Lernen? Für Leseprofis keine Frage!

Gut lesen heißt nicht: alles lernen – lesen oder lernen Sie – aber lesen Sie nicht lernend!

Sie kennen bereits aus dem Abschnitt 33 (»Erst denken – dann lesen«) eine Zeitfalle, die entsteht, weil Sie sofort mit dem Lesen beginnen wollen. Wer viele Informationen aufnehmen muß, tappt leicht in eine weitere Zeitfalle: das Lernen. Leseprofis sollten sich daher, um keine Zeit zu vergeuden, vorher entscheiden, wie sie mit einem Text arbeiten: Ob sie ihn lesen oder ob sie mit ihm lernen. Wieso ist es eine Zeitfalle, während des Lesens zu lernen? Vordergründig spart es doch Zeit und ist sehr effizient, sich gleich beim ersten Durchgang möglichst viele Details zu merken.

Ein krasses Beispiel für die «Zeitfalle Lernen« deuten wir in Kapitel I an. Wir berichten dort über zwei Psychologiestudenten, die von einem Lesestück alles wußten, es aber dennoch nicht verstanden hatten. Damals gaben wir einer Volkshochschulgruppe einen Text zu lesen, der von Tiefenwahrnehmung und räumlichem Sehen handelt. (Ist Ihnen der Unterschied zwischen beiden geläufig, dann überspringen Sie den nächsten Absatz.)

Quintessenz des Lesestücks: Der Mensch kann räumlich sehen, weil er zwei Augen hat: Jedes Auge stellt ein geringfügig anderes Bild der Umgebung her. Das Gehirn setzt die beiden Bilder zu einem einzigen – räumlichen – Bild zusammen. Die Tiefenwahrnehmung beginnt ab der Entfernung, in der beide Augen identische Bilder liefern, weil sie parallel gucken. Die Tiefenwahrnehmung ist also gelernt – aber räumlich sehen, das kann jeder, der zwei gesunde Augen hat.

Zurück zur Volkshochschule. Wir haben den Text über Tiefenwahrnehmung sofort eingesammelt, nachdem ihn die Kursteilnehmer gelesen hatten. Dann legten wir ihnen Testfragen vor. Das Ergebnis: Zwei Studenten der Psychologie hatten alle Fragen richtig beantwortet. Wir baten einen der beiden, den wesentlichen Inhalt des Lesestücks wiederzugeben. Es kam dabei heraus, daß sich der Student zwar alle Fakten gemerkt, sie also gewissermaßen auswendig gelernt hatte. Die eigentliche Aussage aber war nicht bei ihm angekommen: Er behauptete, räumliches Sehen und Tiefenwahrnehmung, das sei dasselbe. Der Kommilitone mit dem gleichen Ergebnis unterstützte ihn darin. Ein anderer Kursteilnehmer korrigierte die beiden – obwohl er nur 3 der 18 Fragen richtig beantwortet hatte.

Studenten haben in solchen Lesetests schlechte Karten. Denn ihre Leselage verleitet sie dazu, sich sofort alles merken zu wollen. Möglichst nach dem ersten Lesen schon alles gelernt haben, am besten alles auswendig aufsagen können! Nur so kann der Student, so die verbreitete Meinung, Prüfungen bestehen, wenn er zuvor in Zeitnot viel lesen muß. Auch ist – so die irrige Annahme weiter – die Wiedergabe des Gelernten unbedingt korrekt, wenn alle Einzelheiten auswendig gewußt werden. Ein solches Lernziel ist auch Leseprofis aus längst vergangenen Studientagen immer noch gegenwärtig: »Wenn ich schon so wenig Zeit zum Lesen habe, dann muß ich mir beim ersten Durchgang wenigstens so viel wie möglich merken. Denn für einen zweiten, dafür habe ich keine Zeit.« Folglich wird die Quantität dessen, was an Daten und Fakten korrekt wiedergegeben werden kann, zum Maßstab für gutes Lesen. Und verselbständigt sich zum Leseziel.

Doch das Fixiertsein auf Einzelheiten verstellt den Blick für das Wesentliche eines Lesestücks. Nun wollen wir zwar nicht in Abrede stellen, daß es hier und da nützlich sein kann, Daten und Fakten zu sammeln. Dann handelt es sich aber weniger um ein Leseziel denn um ein Lernziel.

Das Leseziel »Ich will mir beim ersten Durchgang so viele Fakten wie irgend möglich merken« hat zudem einen störenden Nebeneffekt. Es führt nämlich dazu, daß das innere Mitsprechen verschwenderisch eingesetzt wird, weil dadurch die Fakten besser (auswendig) gelernt werden. Das stört dann aber das Lesen. Der Grund: Sie produzieren ein Echo in Ihrem Kopf. Während Sie ein Wort wiederholen, um es zu lernen, suchen Ihre Augen, diese ungeduldigen Gesellen, bereits die nächsten Klänge. Denn es soll im Text vorangehen. Das wiederholte Wort jedoch hallt hinein, überlagert die nächsten Töne.

Ähnliches geschieht in Ihrem Kopf, wenn Sie sich mühen, Lesen und Lernen gleichzeitig, in einem Durchgang zu betreiben. Dann entstehen Lücken beim Lesen, weil das wiederholte Mitsprechen keine neuen Informationen passieren läßt. Ihre Augen hüpfen trotzdem weiter und verlieren den Anschluß in den Klangfolgen. Sie müssen dann mehrfach lesen, um diese Lücken zu schließen. Der Versuch, Vokabeln während des Lesens gewissermaßen auswendig zu lernen, blockiert das Aufnehmen des fortlaufenden Textes. Sie verirren sich im Text. Und immer wieder wird ein neuer Leseanlauf nötig.

Aber auch ohne das Ziel »Ich will mir alles merken« kann die »Zeitfalle Lernen« zuschnappen. Und zwar immer dann, wenn Sie im Text auf Unbekanntes oder wenig Vertrautes treffen. Es genügt bereits, daß Ihnen der Klangkörper oder seine Abfolgen nicht geläufig sind. Dann wiederholen Sie diese Wörter, was Sie zumeist gar nicht bemerken.

Ein Beispiel: »Bäcker hat gekucht«. Das kennen Sie nicht. Denn »gekucht« steht nicht im Duden. Das Sätzchen haben Sie wahrscheinlich zweimal gelesen, ehe Sie geglaubt haben, daß wirklich »gekucht« dasteht. Bei Texten, die Sie nicht auf Anhieb verstehen, verhalten Sie sich ähnlich, ohne daß Sie es bemerken: Wann immer Sie sich nicht sicher fühlen, wiederholen Sie Wörter, Sätze, Absätze und manchmal sogar ganze Seiten. Und meistens registrieren Sie das nicht einmal. Der Impuls, lernend zu lesen, ist übermächtig, wann immer Sie auf etwas treffen, das Ihnen fremd erscheint. Denn jener Impuls wurde Ihnen bereits in der Grundschule eingeimpft. Und zwar mit guter Absicht: zum Erlernen des Lesens. Ihre Lehrer brachten Ihnen bei, daß Sie ein Wort mehrfach wiederholen, wenn es Ihnen nicht bekannt ist.

Tatsächlich aber kannten Sie die Wörter bereits, an denen Sie das Lesen übten. In der Grundschule gab es kaum ein Wort, das Sie lesen oder schreiben lernten, das Ihnen nicht schon vom Sprechen her vertraut gewesen wäre. Neu waren die Schriftzeichen, die Sie buchstabieren und lesen lernen sollten. Dazu wurde alles gesprochen und aufgeschrieben.

Wenn ein Wort in Ihrem Übungsbuch auftauchte und Sie es nicht lesen konnten, lag das manchmal auch daran, daß Sie wieder vergessen hatten, wie es geschrieben wird. Genauer gesagt: Sie hatten einzelne Buchstaben vergessen. Doch die meisten Buchstaben um den nicht bekannten herum kannten Sie – und Sie hatten zuvor das Wort im Ganzen gesehen und gehört. Die Anweisung der Lehrer war also sinnvoll: So lange sprechen, bis der Sinn klar und das Wort damit gelesen ist.

Ein kleines Beispiel: Ein Wort mit drei Buchstaben tauchte in Ihrem Schulbuch auf. Sie wußten, was »O« und »m« bedeuten – und wie Sie die Buchstaben aussprechen müssen: »Om«. Nur dieses verflixte »a« – darauf kamen Sie nicht. Ausgerechnet als dieser Buchstabe geübt wurde, hatten Sie gefehlt. Sie sprachen sich also immer wieder vor: »Om … – Om …«. Dabei versuchten Sie sich zu erinnern, wie das Wort an der Tafel stand – und wie es der Lehrer ausgesprochen hatte. Das laute Sprechen half Ihnen bei der Erinnerung. Und dann kam sie: die »Om-a – Oma!«

Ein, oberflächlich betrachtet, kinderleichter Vorgang. Doch was dabei in Ihrem Kopf geschah, war für Sie grundlegend bedeutsam. Insbesondere, wenn Sie Wörter hintereinander lesen mußten. In Kenntnis unserer Lesetheorie ahnen Sie, was Sie damals lernten: die Klang-Schrift-Kopplung und die Subvokalisation. Noch einmal kurz gesagt: Indem wir Wörter, die wir geschrieben sehen, in unserem Inneren klingen lassen (subvokalisieren), kann unser Lesegefühl entscheiden, welches Wort in der Blickfläche klanglich zu jenem Wort paßt, das wir soeben gelesen haben. Und nur so finden wir durch den Text.

Was hat nun unsere Grundschulzeit mit der »Zeitfalle Lernen« zu tun?

Die Methode, mit der wir das Lesen lernten, steckt immer noch in uns: wiederholtes Buchstabieren, wenn es gilt, Wörter zu entschlüsseln. Das kann zwar auch heute noch hilfreich sein, etwa wenn wir Handschriftliches lesen – und uns einzelne Schriftzeichen fehlen, weil wir sie nur schwer identifizieren können. Oder falls Tippfehler auftauchen, Buchstaben verdreht oder vergessen wurden.

Zumeist aber wird ein Wort, das fremd erscheint, durch wiederholtes Lesen nicht verständlicher. Anstatt das Wort nachzuschlagen, wiederholt es der Leser. Er folgt dem Impuls aus längst vergangenen Schultagen, das Wort entziffern, das heißt es lesen lernen zu müssen. Das nützt jedoch nichts. Das Wort ist nämlich tatsächlich nicht bekannt. Dennoch wird es immer wieder neu gelesen. Und das kostet Zeit, unnötige Lesezeit. Die »Zeitfalle Lernen« ist zugeschnappt.

Dazu zwei Beispiele:

1. Die Volumina von solanum tuberosum sind reziprok proportional zur Intelligenz des Produzenten.

2. Der Usus der extraterritorialen Diktion ist auf ein extremes Minimum zu reduzieren.

Wahrscheinlich haben Sie sich selbst schon einmal über ähnliche Sätze geärgert. Frei übersetzt bedeuten sie, zwei in eins: Die dümmsten Bauern haben die dicksten Kartoffeln – und können Fremdwörter sparsam verwenden.

Wenn Sie für andere schreiben, können Sie zum besseren Lesen beitragen. Sie schreiben Ihre Texte lesbarer, indem Sie das eine oder andere Fremdwort sofort übersetzen. Das kann verhindern, daß Leser in der »Zeitfalle Lernen« gefangen werden. Dabei ist es gar nicht erforderlich, daß erfahrene Leser in die Zeiten Ihrer Leseanfänge zurückgeraten, selbst bei schwierigen Texten nicht. Denn das einmalige Aufnehmen von Wörtern im Verbund reicht zumeist aus, um einen Satz zu verstehen. Selbst wenn Sie dabei über ein Wort stolpern sollten, erklärt es sich häufig aus dem Zusammenhang – sofern der Text lesbar ist und keine Lernschritte nötig sind.

Mit der Aufnahmegeschwindigkeit von 240 Wörtern in der Minute zu lesen ist also nicht nur richtig, weil es natürlich ist und dem Sehtempo entspricht. Das Tempo ist auch vernünftig, weil es ökonomisch ist. Mit 240 Wörtern pro Minute zu lesen bedeutet, ein Wort in seiner Folge nur einmal mitzusprechen und nicht mehrmals. Denn Wiederholen, auch das haben uns unsere Lehrer gelehrt, ist die Seele des Lernens. Wer wiederholt, lernt sicher – meistens auswendig. Das aber ist nicht Ihr Ziel, wenn Sie nur lesen und verstehen wollen.

Bei den beiden Studenten unseres Kurses an der Volkshochschule muß der Antrieb, sich den Text zur Tiefenwahrnehmung einverleiben zu wollen, enorm stark gewesen sein. Das entnehmen wir ihren Lesegeschwindigkeiten. Bei beiden haben wir ein extrem niedriges Tempo gemessen: Bei dem einen 120 Wörter pro Minute, bei dem anderen 150.

Beide müssen den Text regelrecht gekaut haben, was ihnen aber für das Verstehen nichts genützt hat. Allerdings die Jahreszahlen und die Namen, die kannten sie alle.

300 Wörter pro Minute hingegen – also doppelt so schnell – war das Lesetempo des Kursteilnehmers, der den Unterschied zwischen dem räumlichen Sehen und der Tiefenwahrnehmung verstanden, aber nur drei der 18 Fragen richtig beantwortet hatte. Sein Leseziel, den Text zu verstehen, hatte er erreicht. Sein Textbild war knapp und eindeutig, und er war sich seiner Sache sicher. Das mußte er auch sein. Denn die beiden Studenten verteidigten ihre These, es gäbe keinen Unterschied zwischen der Tiefenwahrnehmung und dem räumlichen Sehen, vehement. Sie verstanden es, ihren Irrtum vortrefflich durch die Fakten zu belegen, die sie auswendig gelernt hatten. Wir nehmen an, daß auch den beiden Studierenden der Unterschied zwischen der Tiefenwahrnehmung und dem räumlichen Sehen klar geworden wäre, wenn sie einfach nur mit Verstand gelesen hätten, ohne sich gleich sämtliche Daten und Details merken zu wollen.

Sich Daten und Details merken zu wollen blockiert häufig das Lesen. Indem Sie sich diese ständig – unwillkürlich – vorsprechen, um sie sich merken zu können, verhindern Sie das kontinuierliche Aufnehmen des Textes. Daran wird deutlich: Lernen ist etwas anderes als Lesen, es kann sogar das Lesen stören, wenn nicht beides sauber getrennt wird. Trennen Sie darum die Lernsequenzen von Ihrer Lesearbeit ab.

Und auch die Faktensuche gestalten Sie besser als separaten Vorgang. Versuchen Sie gezielt, Details im Text zu finden. Dazu bekommen Sie von uns im nächsten Abschnitt 35 »Der Finger als Suchgerät« eine besondere Technik an die Hand, mit der Sie das besser können als Ihr Computer.

Lernen und Lesen sind also grundlegend verschiedene Vorgänge – auch wenn es manchmal so scheint, als ob es dasselbe wäre. Denn wenn Sie mit Texten lernen, gehört das Lesen dazu. Nutzen Sie auch dabei die »Textbild-Methode«. Noch in diesem Kapitel stellen wir Ihnen kurz die Lernkartei vor – und wie Sie das Textbild in diese integrieren können. (vgl. Abschnitt 36)

Ob Sie lesen oder lernen, sollten Sie so früh wie möglich entscheiden. Doch kann diese Entscheidung häufig noch nicht vor dem Lesen getroffen werden. Manchmal entdecken Sie erst, wenn Sie bereits weit in den Text eingetaucht sind, daß er gar nicht lesbar ist. Sie müssen entscheiden, ob Sie mit mangelndem Verständnis weiterlesen und darauf hoffen, daß schwer Verständliches später erklärt wird. Oder Sie brechen ab. Dann müssen Sie entscheiden, ob Sie Lernschritte einsetzen oder einen Text zum selben Thema suchen, der leichter lesbar ist.

Entscheiden Sie sich, mit dem Text zu lernen, gehört das Lesen selbstverständlich auch dazu. Aber dann lesen Sie besser laut. Dabei ist es nicht einmal notwendig, daß der Lernende versteht, was er liest. Er muß alles nur oft genug wiederholen, bis er es auswendig hersagen kann. Der Autor mußte als Meßdiener liturgische Text in Latein rezitieren. Obwohl er sie damals nicht verstand, gelang es ihm sie auswendig zu lernen – einschließlich der richtigen Betonung. Beim Lernen von Vokabeln ist das ganz ähnlich; denn diese sind zunächst sinnloses Material. Ihre Bedeutung kennt der Sprachenschüler erst, wenn er diese gelernt hat – manchmal.

Wenn Sie lernen wollen, erinnern Sie sich an den Spruch aus der Schulzeit: Beim Lernen muß der ganze Mensch beteiligt sein. Unsere Lehrer leiteten uns an, beim Lernen von Vokabeln die Wörter immer wieder aufzuschreiben und dabei laut zu sprechen. Während das Sprechen beim Lesen als Subvokalisieren, innerlich und unbemerkt, unsere Augen lediglich durch den Text steuert, ist es als Vokalisieren, laut, eine echte Lernhilfe. »Was im Kopf passiert«, wenn wir die drei Kulturtechniken Rechnen, Lesen und Schreiben erlernen, zeigt die Abbildung 21.

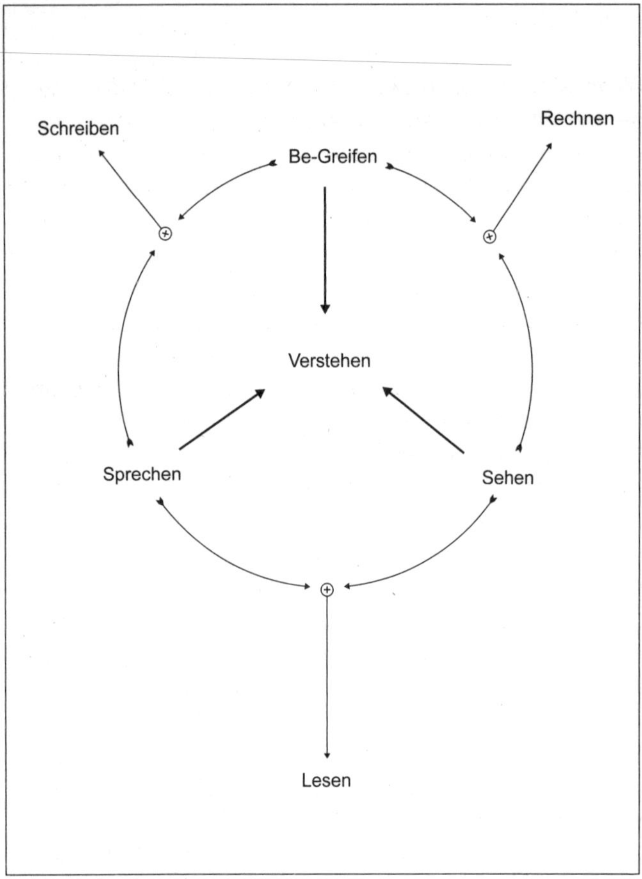

Abbildung 21 | Was im Kopf passiert

Die Welt zu verstehen lernen wir zunächst, indem wir sie anfassen. Bevor wir die Dinge mit unserem Verstand begreifen, »be-greifen« wir sie mit unseren Sinnen. Später lernen wir die Namen für das, was wir anfassen. Wir lernen sprechen.

Wir lernen also sprechen, indem wir sehen, greifen und zum Begriff erheben.

Wenn wir in die Schule kommen, lernen wir, Schriftzeichen, die wir sehen, zu lesen und Text, den wir hören, zu schreiben. Sobald wir sprechen können, reicht es, wenn wir hören, um zu verstehen. Ein Blinder ersetzt das Sehen durch das Tasten. Rechnen lernen wir zunächst mit unseren zehn Fingern. Was dabei im Kopf passiert, ist sehr kompliziert.

Es gibt im Gehirn unterschiedliche Bereiche, die für das Sehen, Hören, Sprechen und die Bewegung der Hände zuständig sind. So ist zum Beispiel das Sehen am hintersten und untersten Ende des Gehirns angesiedelt – in beiden Hirnhälften. Die Nervenzellen, welche die Hände steuern, sitzen in der Gegend des Scheitels – für die rechte Hand links, für die linke Hand rechts. Das Hören sitzt links und rechts außen, in den Schläfen. Den Antrieb für das Sprechen, den Motor (Broca'sches Sprachzentrum) finden wir bei 99 Prozent der Rechtshänder in der linken Hirnhälfte und bei 25 Prozent der Linkshänder in der rechten Hirnhälfte. (vgl. Mumenthaler: »Neurologie«)

»Das nervale Sprachgeschehen schließt die Gesamtleistung der Großhirnrinde in sich ein und betrifft damit die ganze individuelle geistige Existenz eines Menschen«, schreibt Günter Habermann 1985 in »Stimme und Sprache«. Wenn die Sprache das gesamte Gehirn fordert, dann tun das auch das Lesen, das Schreiben und das Rechnen. Damit wir verstehen können, müssen viele verschiedene Bereiche im Gehirn miteinander in Verbindung treten und zusammenarbeiten.

Das meinten Ihre Lehrer, wenn sie Ihnen empfahlen, beim Lernen möglichst alle Fähigkeiten einzusetzen, um das Neue in Ihrem Gedächtnis zu verankern:

- beim Lernen von Vokabeln laut sprechen
- beim Aufsagen von Gedichten herumgehen
- das Einmaleins in Liedchen verpacken
- immer wieder zwischendurch aus dem Gedächtnis aufschreiben

Auch das gehört zum besseren Lesen, wenn Sie Ihr Lesen gelegentlich zum Lernen einsetzen.

All das kann Ihnen zusätzlich nützen, wenn Sie sich an etwas erinnern wollen, das Ihnen sehr wichtig ist. Dann versuchen Sie, das Drumherum wieder in Ihr Gedächtnis zu rufen, in welchem das Vergessene geschah.

Ein Beispiel: Jemand hat Ihnen am Telefon nebenbei eine Information gegeben, die Ihnen damals nebensächlich erschien, die Sie jetzt aber brauchen. Sie wollen einem wichtigen Kunden zum Firmenjubiläum eine Freude bereiten. Von dessen Sammelleidenschaft war die Rede gewesen. Aber was es war, das Ihr Kunde so leidenschaftlich sammelt, das ist Ihnen entfallen. Zum Hörer zu greifen und noch einmal nachzufragen ist leider nicht möglich; der damalige Gesprächspartner, das wissen Sie, ist zur Zeit auf Geschäftsreise. Das Jubiläum Ihres Kunden steht kurz bevor.

Also stellen Sie die Situation des Telefonats von damals wieder her, so authentisch wie möglich: Sie begeben sich an Ihren Arbeitsplatz und holen Ihre Gesprächsnotizen von damals dazu, obwohl Sie wissen, daß Sie das, was Sie jetzt brauchen, nicht aufgeschrieben haben. Sie stellen sich die Stimme Ihres Gesprächspartners vor und kramen alles, was Ihnen sonst noch einfällt, aus dem Gedächtnis heraus. Und Sie schreiben es auch auf – vielleicht als Textbild?

Und mit einem Male wissen Sie es wieder: Der Kunde, der bald sein Firmenjubiläum feiert, sammelt Pfeifen.

Der ganze Mensch ist somit beteiligt, wenn sein Kopf arbeitet. Sie können diese Kenntnis auch als Chance für Ihr Lesen nutzen. Häufig beklagt nämlich, wer beruflich viel liest, ein Chaos auf seinem Schreibtisch, das trotz Stapeltechnik immer wieder neu entsteht. Es gibt zwar auch die Gegenposition: »Ein aufgeräumter Schreibtisch signalisiert Arbeitsmangel.« Wie dem auch sei: Ein Durcheinander am Leseplatz wird oft als belastend empfunden.

Wenn sich auch bei Ihnen aus diesem Grunde gelegentlich ein Land-unter-Gefühl einstellt, nutzen Sie Ihr Durcheinander als Konzentrationshilfe. Lassen Sie Phasen des Aufräumens, des Lesens und des Wiederherstellens von Chaos einander ablösen: Laufen Sie herum, sortieren Sie und lesen Sie zwischendurch. Markieren Sie vorsorglich mit einem weichen Bleistift die Stelle, an der Sie Ihr Lesen unterbrechen, damit Sie nichts doppelt lesen müssen. Ihre besten Einfälle haben Sie übrigens in den Lesepausen.

Zudem bringen Sie durch das Herumlaufen Ihren Kreislauf wieder in Schwung und haben es anschließend leichter, wieder konzentriert zu sein. Geben Sie Ihrem Gehirn kleine Arbeitspausen, wann immer Sie das Bedürfnis danach verspüren. Es arbeitet nämlich nach einem anderen

Rhythmus als Ihre Muskeln. (vgl. Hettinger u. a.) Gewähren Sie ihm diese Pausen nämlich nicht, nimmt das Gehirn sich diese selbst – und dann oft an Stellen in ihrem Arbeitsablauf, wo Sie das vielleicht gar nicht gebrauchen können.

Auch sollten Sie längeres Lesen am Stück durch Pausen unterbrechen, die Sie vorher planen. Das Verarbeiten des Gelesenen kann sonst durch das Weiterlesen gestört werden. Wichtig ist, daß Sie Ihrem Gehirn die Zeit lassen, etwas Ähnliches zu tun, was beim Computer »Festplatte aufräumen« genannt wird. Es ist wichtig, daß die Tätigkeit zwischen den einzelnen Leseschritten möglichst wenig Sprechen beinhaltet. Aufräumen und Herumgehen eignen sich daher besser zum Ausfüllen der Lesepausen als Meetings oder Banddiktate. Denn Sprechen stört das Abspeichern des Gelesenen. Viele gute Ideen werden durch das Lesen angeregt, entstehen dann aber in Ruhe am Feierabend, während Sie eine Patience oder ein Puzzle legen.

35 | Der Finger als Suchgerät

Unvermutete Fähigkeiten stecken im Zeigefinger – Den Finger schwingend finden Sie wichtige Wörter

Wenn Sie zu Teilen des Textes Genaueres wissen möchten, kann es sein, daß Sie Schlüsselbegriffe gezielt suchen müssen. Helfen Ihnen Inhalts- und Sachwortverzeichnis nicht weiter, dann setzen Sie die Suchwort-Technik ein. Sie funktioniert zuverlässig mit dem Zeigefinger Ihrer Schreibhand.

Bewegen Sie Ihren Finger rhythmisch. Lassen Sie ihn dicht über den Zeilen pendeln und sprechen Sie dabei das gesuchte Wort mit. Der Abstand zwischen Finger und Text darf nur wenige Millimeter betragen, sonst betrachten

Sie den Finger und nicht den Text. Über Zeitungsspalten brauchen Sie für einen Fingerschwung in eine Richtung eine halbe Sekunde, über Buchseiten dreiviertel bis eine ganze Sekunde. Mit jedem Schwung sollten Sie jeweils drei bis vier Zeilen weiterkommen. Versuchen Sie aber nicht, während des Fingerpendelns zu lesen.

Wenn Sie Ihren Zeigefinger zügig und gleichmäßig bewegen, schauen Ihre Augen immer dorthin, wo der Finger gerade nicht mehr ist. Denn Ihre Augen müssen folgen, wenn sich etwas bewegt (vgl. »Reiz-Hierarchie« in Kapitel I). Und mit einem kurzen Bremsweg wird Ihr Finger bei dem gesuchten Wort anhalten.

Wenn Sie die Technik anwenden, ist es wichtig, daß Sie Ihren Finger im richtigen Rhythmus schwingen. Was richtig

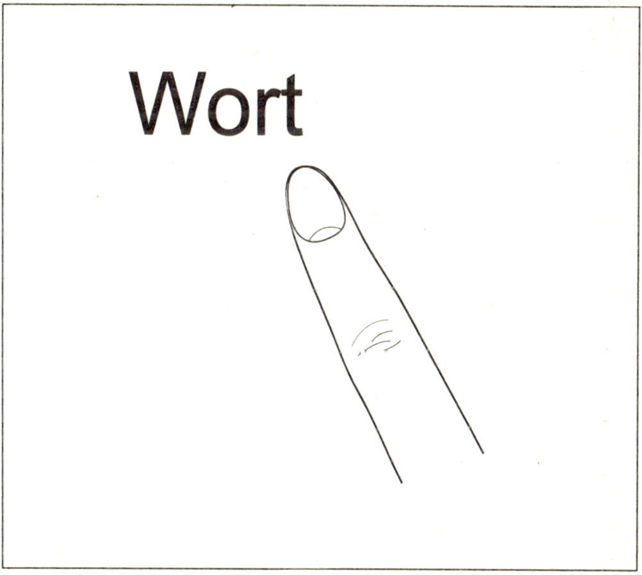

Abbildung 22 | Wort-Finger

ist, können Sie dem Bild mit den 15 Kreisen entnehmen (Abb. 24 »Der Finger-Weg«) und dem, was wir dazu erläutern: Sie kennen unser Blickemodell und können daraus ableiten, daß eine Buchseite mit 15 Blicken in fünf mal einer Dreiviertelsekunde, also in rund vier Sekunden, wenn Sie den Finger schwingen, ganz gesehen werden kann.

Das Blickemodell (Abb. 24) stimmt für einen Kreisdurchmesser von 3,5 Zentimetern, der bei einem Leseabstand von 40 Zentimetern errechnet wird. Sie müssen aber Ihre Augen führen, damit die dargestellte Blickfolge entstehen kann. Beim Lesen übernimmt diese Aufgabe, wie Sie wissen, das Subvokalisieren (das innere Mitsprechen) und führt Sie lesend durch die Zeilen. Bei der Suchwort-Technik geht es nun aber ausschließlich darum, eine Vokabel zu finden, in deren Umgebung Sie dann danach lesen wollen. In dem Aktionsbild »Lesen mit System« (Abb. 20) nennen wir das »punktuelles Lesen«.

Blicken unsere Augen auf Schriftzeichen, gehorchen sie diesem Reiz, nämlich der Schrift, zuletzt. Es sei denn, Sie lesen. Aber genau das können Sie zum Suchen nicht gebrauchen. Sie müssen, damit Ihr Finger das Wort finden kann, einen anderen Reiz einsetzen, dem die Augen zuverlässig gehorchen. An der Spitze der Reiz-Hierarchie steht die Bewegung. Und das Nützliche dabei ist: Unsere Augen sehen, was sich bewegt, mit der Peripherie der Netzhaut. Der Bereich des scharfen Sehens bleibt frei, die Schriftzeichen zu erkennen. Das Bewegen stellen Sie mit Ihrem Zeigefinger her. Seinen Weg haben wir in dem Schaubild modellhaft vorgezeichnet: Er soll ihn ungefähr durch die Mittelpunkte von gedachten Kreisen nehmen, die in dem Blickemodell dargestellt sind. Sie brauchen jedoch keine Kreise auf die Buchseiten zu malen, um dem Finger den Weg zu weisen. Das wäre auch nicht gut; solche Kreise würden Sie von den Schriftzeichen ablenken.

Der richtige Schwung ergibt sich aus der Anzahl der Blicke, die nebeneinander passen. Sind es drei, wie in der Abbildung 24 dargestellt, schwingt der Finger in jede Richtung dreimal eine Viertelsekunde. Also: Dreiviertel Sekunden nach rechts, dreiviertel Sekunden nach links, dreiviertel Sekunden nach rechts, dreiviertel Sekunden nach links und noch einmal dreiviertel Sekunden nach rechts. Insgesamt pendelt Ihr Zeigefinger also 15 Viertelsekunden – rund vier Sekunden – über diesem Modell (Abb. 24). Über Text können Sie Ihren Fingerschwung zusätzlich daran orientieren, in eine Richtung jeweils drei bis vier Zeilen weiterzukommen. Diesen rhythmisch-gleichförmig auszuführenden Fingerschwung nennen wir »Slalom«.

Und blättern Sie um, ohne den Rhythmus zu stören. Ihr Fingerschwung sollte gleichmäßig sein. Der Finger muß dicht über der Seite schwingen und zwar so, daß er den Text gerade nicht berührt. Heben Sie nämlich zu sehr ab, fixieren Sie Ihren Finger und nicht die Buchseite. Die Fixationsebene stimmt nicht mehr und Sie sehen die Buchstaben nur noch verschwommen. Und wenn Ihr Finger die Schriftzeichen berührt, bremst das nicht nur Ihren Schwung – an Zeitungsspalten handeln Sie sich zudem einen schwarzen Finger ein.

Nach einigen Versuchen hält Ihr Finger wie von magischer Hand gehalten bei dem gesuchten Wort an. Das liegt daran, daß Sie dieses Wort während des Fingerpendelns ständig innerlich sprechen. An der Stelle, an der das Klangbild mit dem Schriftbild zur Deckung kommt (vgl. Abschnitt 41 »Mitsprechen versteht«), geht ein Ruck durch Ihren Finger, und er hält an. Dabei entsteht ein kurzer Bremsweg, weil Ihre Fingermotorik erst noch auf den Befehl »anhalten!« reagieren muß, der aus Ihrem Kopf kommt. Sie kennen das vom Bremsen beim Autofahren als Reaktionszeit.

Mit der Suchwort-Technik legen Sie sozusagen eine Klangschablone über den Text, auf die Sie Ihre Augen richten. Diese Maske läßt nur einen einzigen Zeichensatz hindurch und damit in Ihr Bewußtsein. In Abbildung 23 »Suchwort-Technik« haben wir versucht, das mit dem Wort »Turbo-Lesen« ins Bild zu setzen. Die Klangmaske entsteht, indem Sie ausschließlich an das Schlüsselwort denken, das Sie suchen wollen. Besser aber ist, Sie sprechen es ständig leise vor sich hin. Sie erzeugen damit ein Echo im Kopf (vgl. voriger Abschnitt: da störte das Echo!) – diesmal ganz bewußt. Das gesuchte Wort tönt in Ihrem Kopf und löscht alle anderen Klänge. Das hilft Ihnen außerdem, beim Suchen nicht zu lesen.

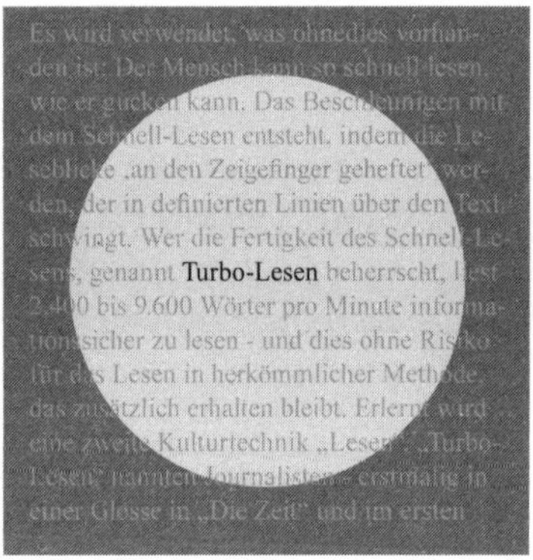

Abbildung 23 | Suchwort-Technik

Wenn Sie den Finger mit dem richtigen Schwung bewegen, schauen Ihre Augen immer dorthin, wo der Finger gerade nicht mehr ist. Versuchen Sie aber auf keinen Fall, während des Fingerschwingens zu lesen. Fangen Sie trotzdem an zu lesen, liegt das an Ihrem Finger, der zu langsam oder nicht rhythmisch schwingt.

Bemühen Sie weder das Metronom noch die Stoppuhr, um den Rhythmus einzustellen. Üben Sie lieber die Technik in der unten beschriebenen Weise mit Schlagworten. Wenn Sie das erste Mal Erfolg gehabt haben, findet ab dann Ihr Finger wie von selbst den richtigen Schwung. Sind die Textseiten vier Blicke breit, muß Ihr Finger ruhiger schwingen. Er braucht dann in jede Richtung eine ganze Sekunde.

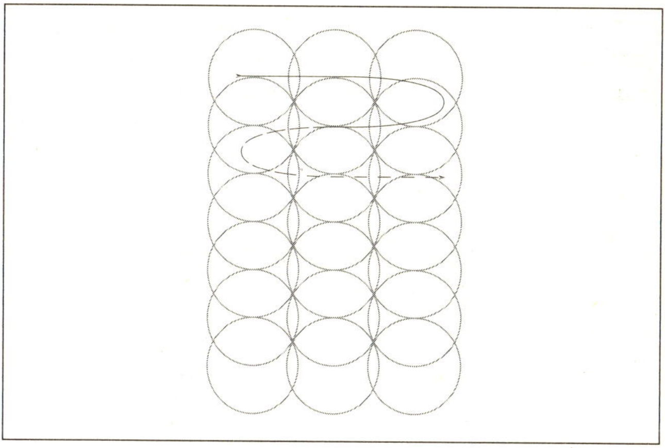

Abbildung 24 | Der Finger-Weg

Wie Ihre Augen beim Fingerschwung während der Suchwort-Technik den Text in der Sehgrube abbilden, hängt ab vom Tempo des Fingers und der Weite des Schwungs. In den Abbildungen 24 und 25 können Sie zwei verschiedene Modelle dazu vergleichen. Das erste (Abb. 24) hat keine Lücken zwischen den einzelnen Blicken, die senkrecht und waagerecht so angeordnet wurden, daß Sie leicht zählen können, wieviel Blicke dargestellt sind. Sie können ausrechnen (mit einer Viertelsekunde pro Blick), wieviel Zeit Ihr optimaler Fingerschwung braucht. Das zweite Modell (Abb. 25) zeigt, wie die Augen auch abbilden könnten. Wie aber Ihre Augen in Wirklichkeit schauen, ob mit Lücken zwischen den Blicken oder ohne Lücken oder vielleicht auch mit einander überschneidenden Blicken, resultiert aus dem Fingerschwung und dem Abstand der Augen zum Text.

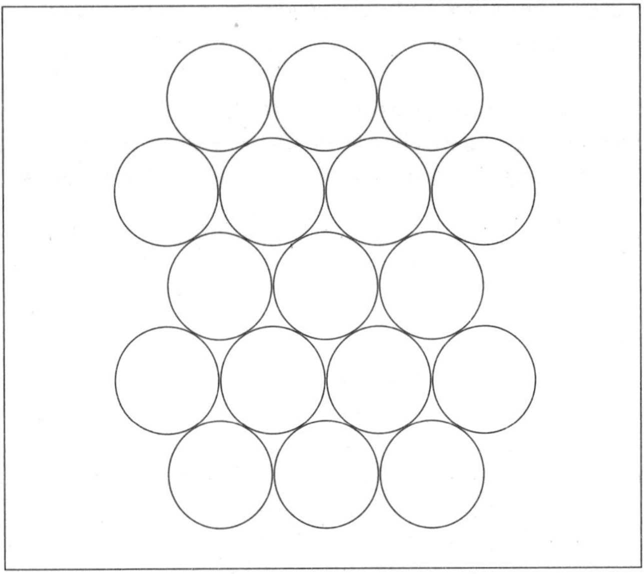

Abbildung 25 | Die natürliche Blickfolge?

Üben Sie die Technik mit Schlagworten aus einem Buchregister. Dann wissen Sie, auf welcher Seite die Vokabel steht, die Sie suchen wollen. Anfangs haben Sie vielleicht Schwierigkeiten, weil Sie, ohne es zu wollen, während des Fingerschwungs doch zu lesen versuchen. Sprechen Sie das gesuchte Wort ständig mit! Dann suchen Sie und lesen nicht. Und Ihr Finger wird bald zum zuverlässigen Suchgerät.

Das Wort, das Sie mitsprechen, sollte kurz sein. Wenn das Wort, das Sie suchen, lang ist, dann splitten Sie. Suchen Sie beispielsweise nicht nach »Investmentfonds«, sondern durchforschen Sie den Text nach »Investment« oder »Fonds«. Nehmen Sie in Kauf, daß der Finger zusätzlich an einer Stelle anhält, an der »Investment« oder »Fonds« als Einzelwörter vorkommen. Sehr bald werden Sie die Suchwort-Technik sicher beherrschen – und nie wieder lesen, wenn Sie nur eine Vokabel suchen.

Sie können die Suchwort-Technik immer dann einsetzen, wenn Sie wissen, welchen Wortlaut der Suchbegriff hat. Wenn Sie aber nur seinen Sinn kennen, gehen Sie anders vor.

Ein Beispiel: Sie haben eine Biographie gelesen und erinnern sich, daß die Hauptperson an einer sogenannten Elitehochschule studiert haben soll. Aber an welcher? Wenn Sie nun mit der Suchwort-Technik den Text nach, sagen wir, »Oxford« abtasten, werden Sie nicht fündig werden. Weder ist »Oxford« in der Lebensbeschreibung enthalten, noch haben Sie darin gefunden, was Sie suchen. Vielleicht erinnern Sie sich aber an weitere Details. Sie nehmen hilfsweise »Porter« als Suchwort hinzu, weil Sie wissen, daß ein Professor namens Michael E. Porter dort lehrte. Ihr Finger wird nun sicher an der richtigen Stelle anhalten: »Michael E. Porter, Professor an der Harvard Business School«. Jetzt wissen Sie es wieder, die gesuchte Hochschule ist »Harvard«.

Das Buch komplett noch einmal zu lesen führt wahrscheinlich nicht zum gewünschten Ergebnis. Auch bei erneutem Lesen wird »Harvard« übersehen: Unterwegs vergißt der Leser seine Aufgabe, weil er die Biographie miterlebt. Und auch bei eher trockenen Fachtexten kann das Interesse an der Sache leicht vom dem wenig spannenden Leseziel ablenken, nur ein Detail zu finden. Hierbei den Finger als Suchgerät einzusetzen, wie am Computer die Suchfunktion, ist zuverlässiger als ein Lesedurchgang – und spart viel Zeit.

Genügt Ihnen dieses Beispiel, können Sie die drei folgenden Absätze überspringen, worin wir die Anwendung der Suchwort-Technik an einem anderen Beispiel darstellen, das Ihnen helfen soll, die Schwierigkeit zu überwinden, daß diese nur bei identischem Zeichensatz funktioniert. Daß Sie also zuverlässig die Technik immer nur dann einsetzen können, wenn Sie wissen, welchen Wortlaut, welche Buchstabenfolge der Suchbegriff genau hat.

Sie müssen einen kleinen Umweg nehmen, falls Sie nur den Sinn des Suchbegriffs kennen. Wer also nach einer bestimmten Blume in einem Roman sucht, sich aber nicht mehr an ihren Namen erinnert, wird sie nicht finden.

Mit etwas Nachdenken und ein wenig veränderter Vorgehensweise finden Sie trotzdem das Suchwort. Vielleicht erinnern Sie sich, daß die Romanheldin die Blume, von der Sie den Namen gerne wissen möchten, gepflückt hat. Dann setzen Sie hilfsweise »pflücken« als Suchbegriff ein. Ihr Finger wird sicher an der richtigen Stelle anhalten. Das Buch komplett noch einmal zu lesen führt wahrscheinlich nicht zum Ergebnis: Auch bei nochmaligem Lesen wird die Blume übersehen. Denn unterwegs vergißt der Leser sein Leseziel, diesmal, weil er den Roman miterlebt. Und bei Fachtexten, das konnten Sie schon in dem Beispiel für die Betriebswirte lesen, kann das Interesse an der Sache leicht vom dem wenig spannenden Leseziel ablenken, nur ein Detail zu finden.

Noch einmal: Wenn Sie eine »Blume« suchen, werden Sie nicht die »Rose« finden. Sie können sich aber gleichwohl die Frage »Welche Blume pflückt Maria?« in dem Roman von Albert Camus »Der Fremde« mit der Suchwort-Technik über zum Beispiel 20 Seiten hinweg innerhalb von knapp eineinhalb Minuten beantworten, sofern der

Blumenname auf der zwanzigsten Seite steht. Sie suchen also nach »pflücken«, weil die Frage lautet »Welche Blume pflückt Maria?«. Selbst dann, wenn Sie nur circa 20 Minuten benötigen würden, um den ausgewählten Text einmal ganz zu lesen, lohnt es sich zu suchen, anstatt zu lesen. Es kann nämlich trotzdem sein, daß Sie die Antwort danach nicht wissen, weil Sie zwar den Text gelesen und verstanden, die Blume aber leider übersehen haben.

Systematisch in dieser Weise mit dem Finger den Text zu bearbeiten ist sinnvoller, als etwas komplett zu lesen – nur weil Sie darin eine Vokabel finden wollen. Ihr Zeitvorteil ist dann am größten, wenn Sie Namen und Daten finden möchten, die nicht in das Sachwortregister eines umfangreichen Werkes aufgenommen wurden. Aber selbst wenn, kosten Sie wenige Sekunden des Fingerschwingens auf den ausgewählten Seiten weniger Zeit, als diese in Minuten ganz zu lesen. Die Suchwort-Technik hilft also, Namen, Daten und Fakten zu finden, die der Autor nicht ins Register aufgenommen hat. Und selbst wenn die Buchseite oder der Bereich bekannt sind, wo das Detail steht, können Sie mit Zeitgewinn den Finger schwingen.

Von großem Nutzen erweist sich die Suchwort-Technik, wenn Sie mit Fakten, die Sie gelesen haben, eine Kartei oder Datei anlegen wollen. Sie prüfen dann im Text, was genau Sie aufnehmen möchten. Sie lassen Ihren Finger die Daten finden. Es gibt Texte, die Sie in dieser Weise sehr gründlich bearbeiten können, ohne sie jemals zu lesen.

36 | Daten, Fakten und (Lern-)Kartei

Exzerpieren und Markieren – wie Sie Ihre Texte besser behandeln

Für das Anlegen Ihrer Karteien oder das Anreichern Ihrer Datenbanken können Sie Ihren Finger als Suchgerät einsetzen. Finden Sie mit dem Finger die Details, mit denen Sie anschließend Ihren Computer füttern. In der Textverarbeitung Ihrer EDV ist zwar sicherlich eine gut funktionierende Suchfunktion installiert. Aber der Computer kann nur finden, was in ihm gespeichert ist. Und das muß erst in ihn hinein. Mit der Suchwort-Technik können Sie Ihren Datenpool anreichern und vervollständigen. Sie helfen Ihrem Rechner.

Die Suchwort-Technik verträgt sich leider mit dem Lesen nicht. Denn sobald Sie versuchen, während des Suchens zu lesen – und wäre es auch nur ein ganz klein wenig –, funktioniert das Suchen nicht mehr zuverlässig. Die Faktensuche und das Lesen sollten Sie daher stets deutlich trennen.

Etwas Ähnliches haben wir bereits hinsichtlich der Alternative Lesen oder Lernen diskutiert. Das Lesen funktioniert nicht oder nur schlecht, wenn ihm Aufgaben zugemutet werden, die es gar nicht leisten kann. Überlegen Sie, wie oft Sie einen Text lesen müssen, bis Sie ihn wortgetreu wiedergeben können. Zum Verstehen, und das gilt uneingeschränkt für jeden Text, den Sie überhaupt lesen können, reicht es, ihn einmal zu lesen. Reicht das nicht, lesen Sie ihn besser nicht ein zweites oder gar ein drittes Mal. Beginnen Sie dann lieber sofort mit dem Lernen. Und zwar immer dann, wenn sich der Text, mit dem Sie sich befassen, dem einfachen Lesen entzieht. Holen Sie sich die passenden Werke zum Nachschlagen, viel Papier dazu und beginnen Sie gleich mit der Textarbeit. Beherrschen Sie die »Textbild-Methode«

(Kapitel II) und das »Überblicken mit System« (Kapitel III), setzen Sie beides als Ihre ersten Lernschritte ein. Vielleicht reicht das schon und Sie brauchen sich mit dem Text, den Sie sowieso kaum lesen können, nicht länger herumzuquälen.

Müssen Sie aber doch tiefer in einen Text einsteigen, bieten sich zusätzliche Lernschritte an. Vorgestellt, allerdings auch in Frage gestellt, haben wir schon das Markieren in Leuchtfarben, das Unterstreichen und die Randbemerkungen. Manchmal mündet solches Bearbeiten in ein Exzerpt, das große Mühe bereitet, fleißiges Schreiben verlangt und viel, viel Zeit kostet. Der Nutzen entspricht häufig nicht dem Aufwand. Ob es für das Verstehen und Behalten nützt, muß jeder für sich selbst entscheiden.

Bevor wir die »Textbild-Methode« entwickelt hatten, neigte der Autor selbst dazu, Exzerpte anzufertigen. Gut erinnert er sich noch daran, wie er einmal die »Allgemeine Pädagogik« versuchsweise exzerpierte. Ein Büchlein diesen Namens wollte er sich gründlich erarbeiten. Große Blätter wurden gefaltet und wichtige Sätze fein säuberlich mit spitzem Stift aufgeschrieben. Es entstand eine auf systematisch gefalteten Zetteln handgeschriebene Wiedergabe der Allgemeinen Pädagogik. Als Studienanfänger hielt der Autor noch alles in dem Buch für wichtig. Und so geriet das Exzerpt – nach ungezählten Stunden des Fleißes – zu einer annähernd wortgetreuen Abschrift des Pädagogikbüchleins. Und dies in sehr kleiner Schrift, vielfach markiert, unterstrichen und hervorgehoben – in drei verschiedenen Farben. Das war eine beachtliche Schreibleistung.

Heute zeigt der Autor diese Zettel gelegentlich vor – als Beispiel für nicht effizientes Arbeiten. Das ist sehr eindrucksvoll, braucht der Betrachter doch beinahe eine Lupe, um die Schriftzeichen entziffern zu können.

Der Sinn des Markierens beim Lernen ist stets, das hervorzuheben, was für wichtig gehalten wird. Man färbt ein, damit nur gelernt wird, was hervorgehoben ist. Manchmal soll mit Farben eine Struktur im Text hergestellt werden. Markierungen aber, die ins Auge springen, legen den Text fest. Für ein späteres Bearbeiten – unter anderem Aspekt – ist er dann nicht mehr zu gebrauchen. Mit Textbildern hingegen strukturieren Sie neben dem Text. Und dieser kann danach für weitere Arbeitsschritte genutzt werden.

Wer sich auf die Einzelheiten konzentriert und im Text markiert, kennt diese vielleicht später noch, nicht aber unbedingt ihren Zusammenhang. Denn das Ganze, das erst den Sinn ergibt, wurde durch Markieren in Teile zerlegt.

Solche Formen der Textbearbeitung sind eher Ausdruck des Bemühens, sich den Text einzuverleiben. Oder ihn in seine Bestandteile zu zerlegen, um sich ihn so verfügbar zu machen. Der wesentliche Gedanke eines Lesestücks ist aber nicht die Summe seiner gefärbten Einzelteile.

Wir schlagen vor, statt des Exzerpierens die Verfahren einzusetzen, die wir Ihnen in den Kapiteln II und III und in diesem beschreiben. Und wir haben selbst erlebt, daß Studierende aus verschiedenen Fachrichtungen damit erfolgreich waren. Wir erinnern an unser Beispiel von der Jurastudentin, die mit der Textbild-Methode Ihre Klausurnoten verbesserte (Abschnitt 26 »Textbild-Ergonomie«).

Auch wenn Sie mit Ihrem Lesen nur selten lernen wollen, kann das Markieren im Text zur Zeitfalle werden. Im Kopf von Rundschreiben zum Beispiel sind in manchen Behörden, Firmen oder Verbänden die Personen aufgelistet, die das Schriftstück erhalten sollen. Der Name des Adressaten ist jeweils, zumeist gelb, eingefärbt, damit es der Bote leichter hat. Der Blick des Empfängers fällt sofort auf seinen Namen und er erkennt: Das Schriftstück ist wirklich für ihn bestimmt. Er legt es aber zunächst zur Seite. Denn dem Rundschreiben mehr Aufmerksamkeit zu widmen, als ihm die Markierung abverlangt, dazu hat er zur Zeit keine Zeit. Sein Blick fällt jedoch immer wieder auf seinen eingefärbten Namen. Von dem Vorhaben zu lesen und von seiner Arbeit lenkt ihn das immer wieder ab. Die Einfärbung wird zur Konzentrationsstörung. (vgl. Zwischenbemerkung: »Reiz-Hierarchie«)

Noch ein Beispiel: In einer Rechnung war ein Datum (wegen des Zahlungstermins) rot eingefärbt. Als der Betrag überwiesen werden sollte, bereitete es große Mühe, seine Höhe zu ermitteln. Denn dicht dabei stand das rot markierte Datum. Signalrot, schlug es die Augen immer wieder in seinen Bann.

Wir haben Texte gesehen, die durch Markierungen derart verunstaltet waren, daß sie für das Wiederholen, welches bekanntlich für das Lernen so entscheidend ist, nicht mehr zu gebrauchen waren. Denn es gab nur noch sehr schön bunte und offensichtlich bearbeitete Seiten.

Testen Sie sich selbst, wenn Sie früher Texte markiert haben, ob Sie sich heute noch an deren Inhalt erinnern. Und ob ein solcher Text noch lesbar ist. Und wie gut lassen sich Texte lesen, die jemand anderes für Sie eingefärbt hat?

Wenn Ihr Lesen (Lern-)Arbeit ist, können Sie die Zeit besser nutzen, als damit, den Text durch Farben zu verschönern. Sie können viel außerhalb des Textes tun, das weniger Zeit kostet, aber mehr nützt, um sich dessen Inhalte zu erarbeiten. Gemeinsam ist diesen Techniken, die wir in den Kapiteln II und III sowie in diesem ausführlich beschreiben, daß Sie den Text als solchen unberührt lassen. Höchstens feine Striche mit einem weichen Bleistift am Blattrand empfehlen wir. Oder den Einsatz selbstklebender Notizzettel, die leicht wieder abzulösen sind. Sinnvoll sind auch Papierstreifen, die sich rasch einlegen und problemlos wieder entfernen lassen. So können Sie Stellen im Text markieren, ohne ihn zu verändern.

Nützlicher als das Einfärben im Text ist das Anlegen einer Lernkartei, die manche auch »Nürnberger Trichter« nennen. In seinem Buch »So lernt man lernen« begründet Sebastian Leitner die einzelnen Stufen seiner Lernkartei lerntheoretisch. Das Ergebnis ist ein Konzept von fünf Phasen des Wiederholens, bis etwas gelernt ist. Die Methode eignet sich vorzüglich für Vokabeln und Formeln, Daten und Fakten, die so in kleinen Einheiten gelernt werden können.

Nun entspricht diese Lernlage jedoch kaum der üblichen Arbeitssituation von jemandem, der beruflich viel lesen muß. Denn die Ergebnisse des Lesens sind selten nur Vokabeln, Daten und Fakten, die Sie auswendig lernen müßten. Die Ergebnisse Ihres Lesens sind häufiger Gedanken und Einfälle oder Ereignisse und Vorgänge, die Sie festhalten möchten. Die passen dann aber nicht auf Vokabelkarten im Format DIN-A7 oder gar DIN-A8. Verwenden Sie diese trotzdem, führt das zu vollgeschriebenen, kaum noch lesbaren Karten – und damit ist der Vorteil der Kartei verschenkt. Die Übersichtlichkeit im Einzelelement geht verloren, sein Inhalt läßt sich nicht mehr schnell erfassen und dadurch nicht als Einheit zügig abrufen. Das Format einfach zu vergrößern führt auch nicht zur Lösung. Das schafft zwar mehr Platz, in den mehr Text hineinpaßt – wird aber noch weniger übersichtlich.

Die Möglichkeit, sich Textinhalte mit Karteikarten immer wieder vor Augen zu führen, sollte aber nicht verschenkt werden. Wenn Gedanken und Ereignisse in den Karteikasten passen sollen, ist das Mini-Textbild der ideale Datenträger. Einfall und Event lassen sich strukturiert, klein und fein – am besten in DIN-A6 – ins Bild setzen und sind jederzeit griffbereit.

Sie müssen sich Ihre Textbildkartei nur ein wenig organisieren. Verwenden Sie Karteikästen ohne Deckel, damit Sie darin jederzeit bequem blättern und neue Karten hinzustellen können – im Zugriff ohne Zeitverlust. Verzichten Sie auf den Staubschutz: Der fleißige Kopfarbeiter sorgt mit Bewegen für das Entstauben. Und ganz im Ernst: Ein Karteikasten mit Deckel eignet sich nur für das Archiv. Ergänzen Sie ein paar Einstellbretter, dann entstehen zusätzliche Fächer. Denn Ideen brauchen viele verschiedene Fächer.

So ordnen Sie Ihre Gedankenbilder: Nehmen Sie für jedes Fach eine Karteikarte im Hochformat dazu und schreiben Sie ein Schlüsselwort auf den oberen Rand – in großen Lettern. Dann sehen Sie sofort, wovon die Bilder im Fach handeln. Stellen Sie die im Hochformat verwendete Karte hinter den Stapel, den diese bezeichnet. Sie greifen dann rascher an die richtige Stelle, wenn Sie eine bestimmte Karte suchen oder eine neue dazustellen wollen. Die Sortierkarte vor dem Stapel ist weniger günstig. Probieren Sie es aus, Sie greifen häufiger daneben.

Sie könnten Ihre Textbilder auch in den Computer eingeben. Vorher müßten Sie diese dann aber mit einem Zeichenprogramm herstellen. Das braucht seine Zeit und Sie sind an das Werkzeug gebunden, mit dem Sie arbeiten. Das Grafikprogramm bremst Ihre Einfälle. Mit Papier und Bleistift von Hand hergestellte Textbilder hingegen fördern Ihre Ideen. Für Ihre persönliche Datei empfehlen wir Ihnen darum, daß Sie die gute alte Karteikiste nutzen und diese so verbessern, wie wir es beschrieben haben.

Zwischenbemerkung: Vor dem Lesen zerlegen

Die folgenden Bemerkungen sollten Sie besser nicht lesen, wenn Sie ein Buchästhet sind. Auch sollten Sie nicht weiterlesen, falls Sie zu den Liebhabern von Abonnements gehören und Ihre Zeitschriften nach Jahrgängen sortieren und sammeln. Dann gehen Sie besser gleich weiter zu Kapitel V.

Denn das meiste, was wir Ihnen hier an praktischen Hinweisen liefern, wäre dann nur ein schreckliches Ärgernis für Sie. Und wir wollen Sie ja mit diesem Lesebuch nicht ärgern, sondern zum Selbsttun anregen. Also bitte: Ästheten und Sammler weiterblättern zum nächsten Abschnitt.

Auch wenn Sie zu den Textgestaltern gehören, wird Sie das unmittelbar Folgende wenig erfreuen. Was wir über die Wirkung bunter Bilder und aufwendig gestalteter Grafiken zu berichten haben, wird jene irritieren, welche die allergrößte Mühe darauf verwenden, mit hochwertigen Grafikprogrammen tüchtig Farbe ins Magazin zu tragen.

Sollten Sie jetzt doch weiterlesen, wappnen Sie sich. Wir haben Ihnen von den Praktiken hartgesottener Leseprofis zu berichten. Denn jene beklagen, daß Ihnen das Lesen von Fachmagazinen und Zeitschriften ab und an Schwierigkeiten bereite. Der Grund: Die Augen werden vom Lesen abgelenkt von bunten Bildern, fetten Überschriften und Zwischentiteln sowie farbig unterlegten Schaubildern und Tabellen.

Sie können etwas tun, was es Ihren Augen erleichtert, doch im Text zu bleiben und zu lesen. Denn wenn Sie die Zwischenbemerkung »Reiz-Hierarchie« gelesen haben, wissen Sie, daß Farben und Kontraste für Ihre Augen interessanter sind als Schrift. Die bunten Bilder stören Sie also beim Lesen. Das Einfachste wäre, was stört, abzudecken – was aber nicht immer möglich ist.

Nun kennen Sie aus den Kapiteln II und III den Nutzen des Textbildes Null, das Sie erstellen, bevor Sie lesen. Um es zu erstellen, studieren Sie zunächst die Bilder, Grafiken und Tabellen. Wenn Sie in dieser Weise stets Schaubilder, Fotos, aber auch Headlines vorher – also bereits vor dem Lesen – betrachten, werden diese, weil schon bekannt, ein wenig weniger interessant. Nunmehr genügt den Augen ein gelegentlicher, flüchtiger Blick, als eine Art Datenabgleich während des Lesens. Die bunten Bilder und Kontraste auf der Magazinseite stören dann weniger.

Alles, was ablenken und stören könnte, sollten Sie vorher entschärfen oder abstellen. Konkret bedeutet dies für bunte Magazine, die Sie manchmal ja auch beruflich lesen müssen: Blättern Sie sich durch jedes erst einmal systematisch von vorne nach hinten hindurch, bevor Sie anfangen zu lesen. (vgl. Kapitel III: »Überblicken mit System«). Widerstehen Sie dabei dem Impuls, an einer interessanten Stelle zu verharren. Zügig kommen Sie hindurch, indem Sie rhythmisch blättern: eine Sekunde oder weniger pro Umblättern – mehr nicht. Ein zweihundert Seiten starkes Magazin zum Beispiel haben Sie in hundert Sekunden durchgesehen. Vorausgesetzt Sie halten den Sekundentakt ein.

Vorher sollten Sie, aber das gehört wahrscheinlich längst zu Ihrer Praxis, das Magazin kräftig ausschütteln, damit die Beilagen herausfallen. Manche sind sehr wohl einer kurzen Betrachtung wert. Also sollte der Vorgang nicht unbedingt direkt über dem Papierkorb stattfinden – was auch riskant sein kann.

Denn einmal hielt der Autor eine Publikation in der Hand, in welcher die Duftprobe eines Herrenparfums zu Werbezwecken eingeklebt war. Das ganze Magazin roch intensiv danach. Das sorgfältige Entfernen der Seite mit der Duftreklame bewirkte daher nicht den gewünschten Entsorgungseffekt. Das Magazin selbst duftete weiter stark. Und vom Papierkorb aus hätte der Geruch – bis zur nächsten Leerung – dauerhaft den Raum gefüllt. Die Zeitschrift wurde noch benötigt. Denn sie war als Lesebeispiel mitgebracht worden und sollte dem Besitzer zurückgegeben werden. Der Autor entschloß sich also das geruchsintensive Blatt zum Lüften nach draußen zu hängen. Und da sind wir wieder beim effizienten Lesen. Denn auch Geruch ist ein Reiz, der beim Lesen stören kann. Es muß nicht ein Parfum sein. Das vermag auch der Duft frischer Brötchen aus der nahen Bäckerei. Vielleicht überlegen Sie jetzt, an welcher Stelle in der »Reiz-Hierarchie« Sie Geruch plazieren würden …

Sollten Sie planen, nach dem systematischen Blättern mehrere Beiträge in einer Zeitschrift zu lesen: Zerlegen Sie vorher das Magazin! Gehen Sie erneut blätternd hindurch und reißen Sie diesmal jedes Blatt Papier heraus, das auf der Vorder- und auch auf der Rückseite für etwas wirbt, daß Sie nicht brauchen. In der Zeit vor Festtagen finden Sie solch doppel- oder sogar mehrseitige Werbung zuhauf.

Liegt die Zeitschrift auf dem Tisch und Ihre Sitzhöhe stimmt, dann stimmt auch der Winkel, in dem Sie optimal rupfen können. Beherzt zugefaßt – und rupf, fast ohne Fransen ist die Seite herausgelöst worden und gelangt mit dem Schwung, mit dem Sie reißen, an das Ende der Flugbahn in den bereitgestellten Papierkorb, den besten Freund des Kopfarbeiters.

Manche Fachzeitschriften enthalten wenig Werbung. In anderen wird darauf geachtet, daß Text und Reklame stetig wechseln, also niemals auf einem Blatt vorder- und rückseitig vorkommen. Der Nachteil für den Lesemanager: Er kann keine Seiten rupfen, weil er sonst Text vernichtet. Dann empfiehlt sich ein anderes Vorgehen, und nicht nur dort.

Für solche Fälle bekommen Sie im Fachhandel sogenannte Cutter, rasierklingenscharfe Messerchen. Die können Sie stets bei sich tragen, da die Klinge geschützt im Schaft verborgen ist und bei Bedarf herausgeschoben werden kann. Setzen Sie sich zunächst so weit hinter Ihren Schreibtisch zurück, daß Sie das Printmedium auf Ihren Schoß legen können. Halten Sie nun die Seiten des Artikels, den Sie lesen wollen, am seitlichen Rand fest, und zwar mit der linken Hand, wenn Sie Rechtshänder sind. Spreizen Sie die Knie auseinander, dann klappen die übrigen Magazinseiten herunter. Diese klemmen Sie zwischen Ihre Knie. Und dann ziehen Sie mit der Linken an der Zeitschrift, bis diese zwischen Ihren Fingern und den Knien gespannt ist. Jetzt sind die Artikelseiten für das Schneiden bereit. Fahren Sie nun mit dem Cutter dort entlang, wo das Magazin geheftet ist. Schon halten Sie die Seiten, die Sie lesen wollen, in der Hand. Ist die Zeitschrift ausgeschlachtet, gehört Sie sofort in den Papierkorb.

Für den Fall, daß Sie weder das Rupfen noch das Schneiden mögen, gibt es noch eine andere Möglichkeit, die weniger zerstörerisch ist: Was Sie gelesen haben, sofort senkrecht durchstreichen! Dazu brauchen Sie lediglich einen weichen Bleistift. Den führen Sie als Rechtshänder in der linken Hand und lassen ihn von oben nach unten durch die jeweilige Textspalte fahren, die Sie gerade gelesen haben. Müssen Sie unterbrechen, wiederholen Sie nichts, denn Sie wissen genau, an welcher Stelle Sie Ihren Lesevorgang unterbrochen haben. Und benötigen Sie doch noch einmal das Original – ungestrichen –, dann können Sie diese feinen Bleistiftlinien leicht wieder ausradieren, sofern Sie einen sehr weichen Bleistift eingesetzt haben.

Es ist sehr aufwendig, wenn Sie die wichtigen Artikel gelesen haben und trotzdem das ganze Heft aufbewahren. Einen ganzen Jahrgang zu archivieren produziert oft nur – wenn auch wohlsortierte – Stapel und ein schlechtes Lesegewissen. Einmal davon abgesehen, daß manchmal das Sammeln der Ersatz für das Bearbeiten ist, welches auf irgendeinen späteren Zeitpunkt verschoben wird, was aber doch nie stattfindet. Nach einiger Zeit wäre das Bearbeiten zumeist auch nutzlos. Manche Journalisten sagen, es sei nichts so nutzlos wie eine Zeitung von gestern.

Kapitel V

Souverän lesen

37 | Lesen ohne Hast

Eigentor Lesehast: Warum Sie nicht durch Texte hetzen sollten

Sie kennen nun die Grundlagen ergonomisch richtigen Lesens sowie Strategien und Techniken, mit denen Sie auch Lektüre, die Sie lesen müssen, so wirkungsvoll wie möglich in kürzester Zeit bearbeiten. Sie sind sicher, Ihre kostbare Lesezeit nicht zu vergeuden und können nun gelassen entscheiden:

- ob Sie überhaupt lesen
- was Sie lesen
- wieviel Sie davon lesen
- wann Sie den Lesestoff wechseln

Haben Sie aber regelmäßig Akten in Metern, Bücher in Bergen und Zeitschriften in Stapeln zu bewältigen, läßt Sie vielleicht doch der Gedanke nicht los, wenigstens etwas schneller zu lesen – obwohl Ihnen Ihr Gefühl sagt, daß Sie schon sehr schnell sind. Unsere Bedenken dazu haben wir in der Zwischenbemerkung »Ein wenig schneller stört« beschrieben.

Gelegentlich hadern Vielleser sogar mit sich selbst und werden beim Lesen ungeduldig, weil sie das Gefühl haben, daß sie nicht schnell genug vorankommen. Dann beginnen sie, sich während des Lesens anzutreiben. Nun muß der Leser gewiß nicht sofort unterbrechen, wenn es einmal schwierig werden sollte. Sich diesem Impuls zu widersetzen und auch dem, jede Vokabel sofort nachzuschlagen, die nicht bekannt ist – das ist keine Lesehast. Vielmehr ist es in solchen Fällen angebracht, sich selbst anzustoßen, weiterzulesen und darauf zu vertrauen, daß der Autor alles näher erläutern wird – oder sich der fremde Begriff aus dem

Kontext erschließt. Dagegen, einfach weiterzulesen, haben wir keine Einwände. Wenn Sie Ihr Lesen in dieser Weise zügiger gestalten wollen, entscheiden Sie das aber besser bereits, bevor Sie damit beginnen.

Erhebliche Einwände haben wir gegen das Hasten während des Lesens, dieses »Sich-selbst-im-Text-Vorantreiben«, das »Nach-der-Uhr-lesen« – gegen das Lesegefühl. Denn dieses Gefühl ist der kostbarste Schatz eines jeden Lesers, den er sorgsam hüten muß. Das Lesegefühl ist an denselben Mechanismus gebunden, der es Ihnen überhaupt möglich macht zu lesen. Denn er steuert Ihre Augen, was wir in Kapitel I beschrieben haben. Dank seines Wirkens können Sie überhaupt Zeile für Zeile im Text voranschreiten.
Wir sprechen von dem inneren Mitsprechen, dem Subvokalisieren, und davon, daß die »Sub«-Vokalisation etwas ist, an dem Sie mit dem Willen nichts bewirken können. Und daß alle Versuche, diesen (automatisch) wirkenden Mechanismus dem Willen zu unterwerfen, diesen guten Lesegeist vertreiben können.

Manche Leser in Zeitnot versuchen, mit Willenskraft schneller im Text voranzukommen. Sie setzen sogar Hilfsmittel ein, die für das Lesen gefährlich werden können. Ein – nicht geeignetes – Instrument zum Beispiel ist das Metronom, das manche Musiklehrer einsetzen, um ein Musikstück einzuüben – und manche Volkshochschuldozenten, um das Lesen zu beschleunigen. Wieso das Metronom so schädlich ist, erfahren Sie noch genauer im nächsten Abschnitt.

Wenn Sie sich schon immer beim Lesen hetzen, können Sie dabei kein gutes Gefühl haben. Oder Sie sind bereits nach kurzer Zeit so erschöpft, daß Sie eine Lesepause brauchen. Der gute Lesegeist, die Subvokalisation mit Sprachmusik und Sprechrhythmus, ist verärgert.

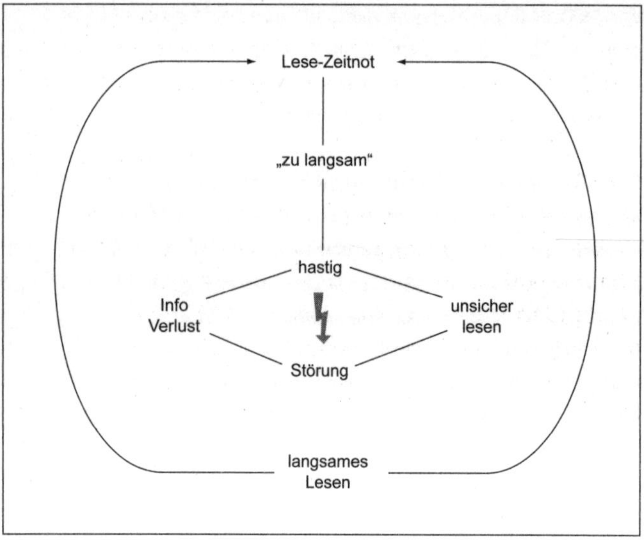

Abbildung 26 | Schnell im Bild - im Teufelskreis der »Lesehast«

Rasch informiert: Im Teufelskreis der Lesehast

Wenn Sie mehr lesen müssen, als Sie bewältigen können, sollten Sie nicht versuchen, einfach schneller zu lesen. Denn diese Hast stört das Lesen. Sie übersehen Informationen, lesen unsicher – und riskieren Lesestörungen. Das alles führt dazu, daß Sie langsamer lesen. Und dadurch verschlimmern Sie Ihre Lese-Zeitnot. Wenn Sie nun wieder versuchen, schneller zu lesen, lesen Sie noch hastiger. Dann sind Sie mittendrin – im Teufelskreis der Lesehast.

38 | Das Notenlesen und die Sprachmusik

Sie verstehen Texte, indem Sie diese erklingen lassen – das erklärt so manches Lesephänomen

Das Notenlesen und die Musikerziehung haben vieles gemeinsam mit dem Lesen und dem Unterricht, es zu erlernen. Die Musik und Kinder, die Liedchen singen, gab es schon immer – auch ohne die Schule. Als die Schrift jedoch noch nicht Allgemeingut, die Schule das Vorrecht Weniger und die Kulturtechnik Lesen noch eine Geheimwissenschaft war, gab es andere Formen, wichtige Dinge in der Erinnerung zu halten.

Nachrichten wurden nicht nur weitererzählt, sondern auch weitergesungen. Die Melodie diente als Gedächtnisstütze. Kam der Musikvortrag ins Stocken, wußte der Sänger, daß er etwas vergessen hatte. Als Kinder spielten wir gerne »Backe, backe Kuchen!« Wer hat nicht als Kind gesungen: »... Wer will guten Kuchen backen, der muß haben sieben Sachen.«

Beim Aufnehmen von Text verhält sich unser Gehirn so: Jeder Satz, jeder Teil davon hat eine kleine Melodie. Beginnen Sie damit, einen Satz zu lesen, stimmen Sie ein in seine Satzmelodie. Während die ersten Töne innerlich entstehen, klingen die folgenden bereits an. Der Satz kann nur dann im Klang stimmen, wenn es Ihnen gelingt, den passenden nächsten Ton zu treffen. Oder anders – um Sie noch einmal an unser Modell vom Wörtersalat im Blick zu erinnern: Sie müssen das richtige Wort aus dem Dschungel der Wörter im Blick zum Erklingen bringen, damit die Wortfolge stimmt, die den Sinn ergibt. Verrutschen Sie in der Zeile, weil auch darüber oder darunter ein Wort richtig klingt, braucht es manchmal ein paar Töne mehr, bis Sie den Mißklang erkennen.

Nehmen wir einfach »zum Beispiel«. Wenn Sie »zum« lesen, sprechen Sie es sich innerlich vor. Mit Ihrem Lesegefühl spüren Sie: Wörter wie »ersten«, »Geburtstag«, »Beginn« passen dazu – können also folgen.

Als Sie auf »zum« blickten, hatten Sie mehrere Wörter im Text aufgenommen. Nämlich neben »zum« jene, die vor, hinter, über und unter »zum« stehen. Je kleiner die Buchstaben sind, desto mehr Wörter passen in Ihren Blick. Ihr Gehirn prüft alle erblickten Wörter nacheinander. Das Lesegefühl entscheidet jeweils, welches davon zu »zum« paßt:

- »hoch«? Nein!
- »wir«? Nein!
- »das«? Nein!
- »Beispiel«? Ja!

Das Ergebnis: »zum Beispiel« ist erfaßt und gelesen. Nun fängt alles wieder von vorne an, mit dem Wort »Beispiel« ...

Nicht immer aber funktioniert die Auswahl fehlerlos. Sie können sich denken, was passiert, wenn mehrere Wörter in der Blickfläche an das soeben gelesene Wort passen. Nehmen wir wieder »zum Beispiel«: Wie es der böse Zufall will, steht im Text direkt unter »zum« das Wort »Bahnhof«. Auch das paßt. Bevor Sie sich versehen, versehen Sie sich – und sind eine Zeile tiefer gerutscht. Und dann verstehen Sie leider nur Bahnhof. Bisher hielten Sie so etwas vielleicht für Konzentrationsschwäche. Jetzt wissen Sie: Schuld ist der Zufall. Aber manchmal auch der Text selbst: Wenn die Sätze bereits vom Autor in »schräger Musik vertont« wurden, kann der Leser »kein Lied davon singen«.

Der Wohlklang eines Satzes ist bedeutsam für das Verstehen. Ob die einzelnen Wörter den richtigen Ton treffen, ist für das Lesen zweitrangig. Es findet trotzdem statt, wenn die Klangfolgen aneinander passen. Auch, wenn die Logik in einem Text fehlt, wirkt sich das auf den Lesefluß nicht unbedingt nachteilig aus. Das zeigt zum Beispiel ein Sketch von Loriot, in dem er einen Politiker darstellt. Ob Sie die Rede hören oder lesen: Es geht ganz flüssig – obwohl sie jeden Sinns entbehrt. Es steht nichts darin. In gelungener Weise verbinden sich inhaltlich leere, hohle Phrasen so wohlklingend, daß es leichtfällt, begeistert mitzuschwingen. Erst ganz allmählich schleicht sich der Verdacht ein, das könnte humorvoll satirisch gemeint sein.

Andererseits: Eindeutige Sätze mit klarer Aussage sind oft erst nach Innehalten und einigem Nachdenken verständlich – wenn sie ungewöhnlich formuliert sind. Der Satz »Bäcker hat gekucht« ist eine gute und knappe Zusammenfassung des Kinderliedes »Backe, backe Kuchen …«, die wir unserer Tochter Johanna, im Jahre 1994 zwanzig Monate jung, verdanken.

Zurück zu den Parallelen zwischen der Musikerziehung und dem Lesenlernen: Noten muß der Gesangschüler lesen lernen, so heißt es. Er beginnt mit den Buchstaben der Musik, den Noten. Er erfährt, was die einzelne Note bedeutet. Schwingt die Stimmgabel, erklingt der Kammerton »a«. Sind mehrere Noten verbunden, hört der Musikschüler einen Akkord, eine Melodie, er liest ein Klanggebilde.

Den einfachen Griffen auf dem Musikinstrument entsprechen die ersten Wörter und Sätzchen im Lesebuch. Beim Lesenlernen gibt es zunächst zwei, dann drei, dann vier Buchstaben. Das entspricht kurzen Wörtern, und sie werden dazu zusammengefügt: Uli, Susi, Mama, Oma, Papa.

Der Musikschüler lernt, die richtigen Töne in immer schwierigeren Anordnungen zu treffen. Der Leseschüler erarbeitet sich Satzmelodien Buchstabe für Buchstabe, Wort für Wort. Die Wörter werden immer länger, können länger werden – die Sätze auch. Auch Melodien bestehen aus Klängen, so wie Sätze aus Wörtern bestehen.

Und Klänge bestehen aus Tönen, so wie Wörter aus Buchstaben. Der Musikschüler hat es leichter, wenn er die einzelnen Töne von Anfang an in einem klanglichen Verbund hört. In der Musik können sich die meisten Menschen sowieso nur aufeinanderfolgende Töne merken. Behalten werden Abstände, die Bezüge zwischen den einzelnen Tönen. Das absolute Gehör, daß jemand einen Ton solo hört und ihn richtig benennen kann, ist eine Sonderbegabung, über die auch nicht alle Berufsmusiker verfügen. Beim Lesen ist das genau andersherum: Einzelne Buchstaben sind leicht zu identifizieren – stehen sie jedoch hintereinander als Wort, wird es schwieriger. Oder verstehen Sie die folgenden Wörter auf Anhieb?

- Schnatteren-te
- Blumento-pferde
- Aber-kennungen
- bein-halten
- Mieter-träge
- Spargel-der
- verein-zelt

Sind Sie auch schon einmal in solch eine Betonungsfalle getappt, die wir hier anhand von Silbentrennungen darstellen? Vor allem, wenn Sie müde sind, kann Ihnen das passieren. Das erste Wort liest sich leichter mit Bindestrich (Schnatter-Ente) und das zweite ist nur mit einem solchen eindeutig. Ohne – in der Schreibweise »Blumentopferde« –

kann es sowohl die Pferde des Gestüts Blumento benennen als auch die Erde im Topf der Zimmerpflanze. Die Wörter in der Liste stören den Lesefluß, weil sie, derart getrennt, in die Irre führen: Die Aberkennungen beinhalten für Mieterträge zwar Spargelder nur vereinzelt – ergeben aber leider, trotz lesbarer Klangfolge, nur einen sinnlosen Satz. Er läßt sich aber, wie auch Loriots Politikerrede, ganz gut lesen.

Viele Einzelwörter sind auch ohne verwirrende Silbentrennung vieldeutig. Denken Sie zum Beispiel doch einmal an »Bund«. An was denken Sie jetzt?

- an den Hosenbund?
- an den Völkerbund?
- an ein Bund Petersilie?
- an die Bundesrepublik? (Bund, Länder und Gemeinden)
- an den Bund für Umwelt und Naturschutz?
- oder an die Bundeswehr?

Was es genau ist, daß Sie assoziiert haben, dafür sind die Ursachen vielfältig und subjektiv. Ganz so eindeutig ist es also nicht, was ein Wort einzeln bedeutet. Darum aber braucht sich der Leser auch gar nicht zu kümmern. Denn sowieso erschließt sich eindeutig erst, was das einzelne Wort sagt, wenn der Verbund, in dem es wahrgenommen wird, ebenfalls richtig erfaßt wurde.

Und da genau liegt allgemein eine Schwierigkeit des Lesens. Wir nehmen eben gerade nicht zuerst den Sinn von Wortfolgen auf und dann sie selbst. Vielmehr ist es genau umgekehrt: Wir filtern die Wörter einzeln aus einem Gewirr von bis zu vierzig heraus, die alle ähnlich aussehen.

Was sie einzeln bedeuten, das ermitteln wir über ihren Klang und das Wort davor und danach, das in die

Klangfolge paßt. Sinn erfassen, lesen und verstehen, das gelingt erst später, wenn folgende Kette geschlossen ist: Wort zwischen Wörtern sehen – das im Klang passende erklingen lassen – das nächste sehen. Beim Lesen ist also die Klangfolge bedeutsamer als das einzelne Wort in seiner Einheit von Schriftbild und Klangbild, die es erst zu identifizieren gilt. Noch einmal: Was ein Wort bedeutet, wird erst eindeutig durch die korrekt wahrgenommene Abfolge – und zwar aufgrund der Subvokalisation, diesem so vielgescholtenen Mechanismus. Nur wenn er zuverlässig und störungsfrei arbeitet, dann ist das Lesen möglich.

Wie nützlich die Kenntnis, daß ein Wort immer die Einheit von Klangbild und Schriftbild ist, für ein ganz praktisches Verfahren sein kann, haben wir in Kapitel III am Beispiel der Suchwort-Technik dargestellt. Das Verfahren funktioniert zuverlässig nur, wenn das Lesen im herkömmlichen Sinne dabei ausgeschaltet ist. Das gelingt bei der Suchwort-Technik, indem die Augen an den Finger geheftet werden. Dessen Schwingen überlagert den Mechanismus, der sonst beim Lesen die Optik steuert: das Subvokalisieren.

Während des Einsatzes der Suchwort-Technik kann das Lesen also nicht funktionieren. Erst wenn beim Suchen der Klang, der mitgesprochen wird, auf das Wort trifft, das im Schriftbild dazu paßt, dann stoppt – automatisch – der Finger. Und das Wort ist gefunden. Bei dieser Technik übernimmt der Bewegungsreiz Ihres Fingers das Steuern Ihrer Augen. Wenn sich etwas bewegt, müssen diese gehorchen (vgl. Abschnitt 11 »Reiz-Hierarchie«). Für diese Aufgabe, daß die Augen gehorchen, daß sie beim Lesen das tun, was sie sollen, nämlich dem Text in seinem Verlauf zu folgen – dafür sorgt beim Lesen die Subvokalisation.

Die Parallele Musik und Sprache haben wir mit einem Hintersinn gewählt: Sie haben etwas gemeinsam, ohne das beide nicht leben könnten. Musik und Sprache leben aus dem Gefühl.

Jemand kann zwar lernen, einem Instrument Töne zu entlocken, auch wenn er nicht musikalisch ist. Ein guter Musiker wird er aber nie. Ein Gefühl für die Musik kann niemand erlernen, Musiktechnik und Musiktheorie aber sehr wohl. So hilft ein Metronom, um sich auf ein Musikstück vorzubereiten, indem man sich auf dessen Tempo einstellt. Aber das nur vor dem Spiel. Das Metronom während des Spiels schlagen zu lassen erschlägt jedes Gefühl für die Musik.

Unter Musikern gibt es solche mit gutem musikalischem Gespür bei mangelnder Ausbildung, aber auch solche mit viel technischem Geschick, denen die Musikalität fehlt. Beim Lesen gibt es diese feinen Unterschiede nicht. Wer das Lesen in der Schule richtig gelernt hat und es regelmäßig praktiziert, hat dabei ein Lesegefühl entwickelt. Das bedarf keiner speziellen Lesebegabung. Es ist ein Nebeneffekt, eine Dreingabe der Subvokalisation und ausschließlich an diese gebunden. Jahrelange, jahrzehntelange Leseerfahrung schult dieses Lesegefühl, ohne daß uns das jemals bewußt werden muß. Das Gefühl selbst spüren wir jedoch oft.

Die meisten Bücher werden für das Gefühl geschrieben. Belletristische Bestseller werden von Ihren Leserinnen und Lesern weniger verstanden denn geliebt. Das liegt an dem Gefühl, das bei jeder Art von Lesen beteiligt ist. Der Romanautor erzeugt die Gefühle bewußt und bindet so sein Publikum an sich. Auf einen roten Faden kann er darum gelegentlich verzichten. Entscheidend ist: Die Emotionen stimmen und werden in Worten ausgedrückt, die das

Gefühl des Lesers ansprechen und ihn begeistern. Logik ist darum meist entbehrlich, würde eher stören. Sie ist ersetzt durch Psycho-Logik.

So können wir miterleben, wie der Romanheld siegt und mitfühlen, wie er leidet. Das liegt daran, daß der Leser stets innerlich spricht und die Wörter dadurch in seinem Inneren klingen und schwingen. Wer spricht, der fühlt. Beim Sprechen ist der ganze Mensch beteiligt, also auch sein Fühlen und Streben, was die Neurologen so ausdrücken: »Das nervale Sprachgeschehen schließt die Gesamtleistung der Großhirnrinde in sich ein und betrifft damit die ganze individuelle geistige Existenz eines Menschen.« (Günther Habermann: »Stimme und Sprache«, Seite 165)

Besonders augenscheinlich ist dieses Lesegefühl bei Musikern, die Noten lesen – und dabei regelrecht die Töne hören. Diese Schriftzeichen, denn auch Noten sind Schrift, erkennen sie und fühlen dabei. Wer Romane liest, schwingt mit. Wer Noten liest, erst recht. Aber auch, wer augenscheinlich nüchterne Texte liest! Was der Produzent von Schöngeistigem nutzt, um sich eine Lesergemeinde aufzubauen – nämlich das Gefühl –, möchte der Wissenschaftler aber gerne vermeiden. Sein Werk will er objektiv schreiben und beim Leser keine Gefühle ansprechen, sondern ausschließlich den Verstand. Doch das kann er nicht erreichen.

Denn wann immer der Leser liest, wird sein Gefühl angesprochen, auch wenn der Text noch so sachlich ist. Und das stört, wenn zum Zwecke der Information gelesen wird. Nehmen wir zum Beispiel eine ganz normale Abhandlung zu einem Thema. Sie lesen diese, um sich zu informieren. Und haben am Ende nicht nur die Informationen aufgenommen – sondern auch die Gefühle, die der Text verursacht.

Eine positive Funktion des Lesegefühls ist sicherlich die Sicherheit beim Lesen, die Lesesouveränität. Zu jedem Zeitpunkt kann der Leser sicher sein, im Text angemessen voranzulesen, mal zügiger mal langsamer – unwillkürlich und richtig. Die Sicherheit also, die Sie beim Lesen normalerweise empfinden, Ihre Souveränität dabei, begleitet stets das innere Mitsprechen. Und sie entspringt demselben Mechanismus, der Subvokalisation, die unsere Optik steuert. Wichtige Konsequenz: Wenn Sie versuchen, Ihr Subvokalisieren, das innere Mitsprechen, bewußt durch ein Training abzustellen oder auch nur zu verringern, stören Sie dieses Gefühl. Sie werden beim Lesen unsicher.

Das Lesegefühl sorgt also für ein Sicherheitsgefühl während des Lesens. Sie haben keinen Zweifel, daß Sie den Text ordentlich aufnehmen – das sagt Ihnen Ihr sicheres Gefühl dabei. Es ist gut und nützlich, ohne könnten Sie nicht lesen. Doch dieses Gefühl kann auch trügen.

Denn es ist leider möglich, einen Text ordentlich aufzunehmen – mit gutem Gefühl –, ohne ihn zu verarbeiten, das heißt: ohne ihn zu verstehen. Das gute Gefühl wird erst zum schlechten, wenn der Text gelesen ist – und wenig oder kaum verstanden wurde. Ob das so ist, können erfahrene Berufsleser meist erkennen.

Wenn jedoch nur der geringste Zweifel bleibt, empfehlen wir, die Textbild-Methode einzusetzen. Das empfehlen wir auch, um noch etwas anderes zu vermeiden. Es kann nämlich sein, das Sie zwar mit angenehmem Gefühl gelesen haben – aber das Falsche. Auch hier hat Ihnen Ihr Lesegefühl einen Streich gespielt und leider nur die Zeit gestohlen.

39 | Leseschnecke oder Textwiesel

Wieso Ihr Lesetempo nicht von Ihnen abhängt

Die Geschwindigkeit, die wir bei erfahrenen Berufslesern messen, bevor sie ihr Training beginnen, um das Turbo-Lesen zu erlernen, entspricht zumeist der »natürlichen«. Die Leselage »es türmt sich« sollte Sie nicht dazu verleiten, einfach nur schneller lesen zu wollen, denn:

- Erfolg werden Sie so nicht haben
- Sie riskieren, flüchtig zu lesen
- Sie gefährden sogar Ihre Lesefertigkeit

Was können Sie also tun, wenn Sie zum Beispiel 400 Seiten eines Buches zumindest einmal ganz lesen wollen oder müssen? Sie brauchen mindestens eine Minute für jede volle Textseite – bei einem mittleren Aufnahmetempo von 240 Wörtern in der Minute. Dann sind Sie vier Tage mit dem Buch beschäftigt, wenn Sie jeden Tag etwa eineinhalb Stunden lesen. Vorausgesetzt Sie gehen zügig voran und achten auf Ihr Lesegefühl.

Ob es wirklich sechs Stunden dauern muß, bis Sie einmal ganz hindurch sind, fragen Sie sich womöglich. Bevor wir Ihnen erläutern, daß es in der Hälfte, dem Drittel oder gar Viertel der Zeit mit ganz normaler Lesemethode möglich sein kann, ist es erforderlich, daß Sie wirklich davon überzeugt sind: Die Geschwindigkeit für genaues Lesen läßt sich nicht mit dem Willen beeinflussen, obwohl sie – ohne spezielles Training – bis zu viermal so hoch sein kann. Und für Sie interessant ist das, was wir dazu schreiben, ohnedies nur, wenn Sie zu den durchschnittlichen Lesern gehören. Das bedeutet: Sie nehmen ein Lesestück unabhängig davon, wie schwierig sein Inhalt ist, in einem Tempo von rund 240 Wörtern in der Minute auf. Dann können Ihnen unsere Hinweise für ein beschleunigtes Lesen im 42. und 44. Abschnitt nützen.

Berücksichtigen sollten Sie auch, bevor Sie sich selbst als Leseschnecke oder Textwiesel einschätzen, daß die Lesegeschwindigkeit bei ein und derselben Person stark schwanken kann. Und das dies von sehr verschiedenen Faktoren abhängt. Am häufigsten ist das Argument zu hören, das liege daran, wie leicht oder schwierig ein Text ist. So erkläre sich, daß jemand eine Reisebeschreibung mit 300 Wörtern pro Minute sehr flink liest – sich aber durch einen Fachaufsatz mit einem Schneckentempo von nur 150 Wörtern pro Minute hindurchquält.

Daß aber ganz andere Faktoren wirken können, haben wir bereits in Kapitel I beschrieben. So kann das Leseumfeld das Tempo bestimmen, also die Umgebung, in der jemand liest. Und selbstverständlich auch wie man sich fühlt.

Vor allem langsame Lesegeschwindigkeiten – unter 240 Wörter pro Minute – werden häufig gar nicht durch den schwierigen Inhalt eines Textes verursacht, sondern eher durch formale Dinge:

- zu viele lange Wörter und Sätze
- eingeschobene Nebensätze
- ungewöhnliche Klangfolgen

Denn wir sind sehr darauf angewiesen, daß ein Text für unsere Augen gut sichtbar aufbereitet ist und daß sein Sprachrhythmus stimmt.

40 | Mit Kinderreimen wieder lesen lernen

Sie schlafen beim Lesen gut ein – das kann auch eine Lesestörung sein

Als wir in der Schule über unseren Büchern saßen, lernten wir, innerlich mitzusprechen – also zu subvokalisieren. Manchmal ließen uns die Lehrer Reime sprechen oder Liedchen singen, manchmal durften wir dabei den Rhythmus klatschen. Das waren gute Hilfen, das Subvokalisieren als beständigen Automatismus zu trainieren.

Begonnen hatten wir zuvor mit dem Vokalisieren, dem lauten Lesen. Manche Kinder benutzten zunächst ihren Finger, um auf das Wort zu zeigen, das sie gerade lasen. Der Finger verhinderte, daß die Augen sich selbständig machten, auf der Seite spazieren gingen und bei falschen Wörtern landeten, die nicht in die Sinnreihe paßten. Sobald Kinder lesen können, also automatisch Wort an Wort reihen, und sich so der Sinn ergibt, lassen sie den Finger ganz von alleine weg.

Als Erwachsene murmeln wir uns immer noch im Text voran, ohne es zu bemerken. Unwillkürlich suchen wir beim Lesen nach dem Wort von den zehn, zwanzig, dreißig oder vierzig Wörtern im Blick, das an jenes paßt, das wir soeben innerlich mitgesprochen haben. Dann wird dieses Wort subvokalisiert. Danach nehmen wir das nächste im Klang passende Wort dazu. Automatisch verknüpfen wir auf diese Weise die Wörter zu Klangfolgen, ehe wir überhaupt den Teilsatz oder den Satz verstehen.

Der einsame Student, von dem wir in Kapitel I mehrfach berichtet haben, hat sich auch in dieser Hinsicht sein Lesen erschwert. Seine Einsamkeit verursachte nicht nur die Sehnsucht nach Schummerlicht und Kerzenschein – ein Graus, wenn Lesen Arbeit ist. Ohne sein Lieblingsmusikstück im Hintergrund hören zu können, davon war er überzeugt, brauchte er gar nicht erst mit dem Lesen (Lernen) zu beginnen. Bei jedem Versuch – ohne Musik – landete er sogleich mit den Gedanken voller Sehnsucht bei seiner Liebsten.

Es ist ähnlich wie mit dem Kerzenlicht: Hier sind die Augen enorm angestrengt, was aber wenigstens registriert – wenn auch die Ursache nicht unbedingt identifiziert wird. Der alles beherrschende »Sound« strengt beim Lesen nicht minder an. Nur bemerkt wird das selten. Denn kaum jemand weiß, daß Geräusche – auch musikalische – den Mechanismus des Subvokalisierens während des Lesens überlagern und stören, ja sogar ausschalten können. Was dann mit dem Sehwerkzeug passiert, haben Sie in Kapitel I gelesen: Die Augen blicken kreuz und quer. Das Lesen ist nicht länger möglich, die Subvokalisation steuert nicht mehr die Augen durch den Text – Sie sehen ihn nicht systematisch. Es sind also nicht die Gedanken, die spazieren gehen, wie der einsame Student meinte. Nein, es sind seine Augen, die im Text herumhüpfen und verzweifelt suchen, wo sie Anschluß finden.

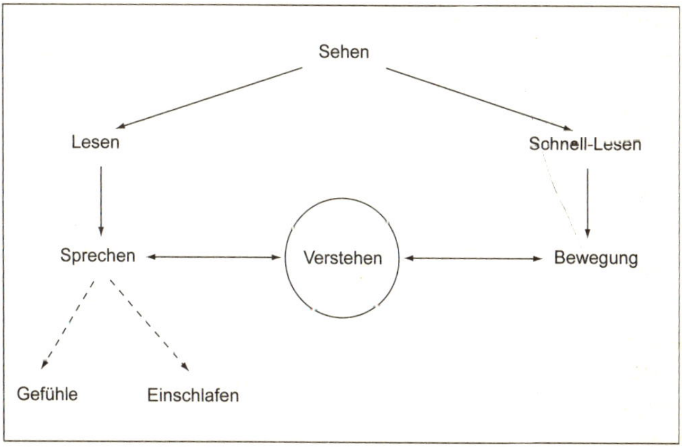

Abbildung 27 | Lesen und Verstehen

Das Lesen kann sogar direkt ins Einschlafen führen. Das können Sie auch nutzen, Sie müssen nur Ihre Leselage entsprechend arrangieren. (Aber bitte nicht hier und jetzt!) Der Schlagertext »Ohne Krimi geht die Mimi nie ins Bett« beschreibt dies. Sie haben Ihren Kreislauf von Wachen auf Ruhen umgeschaltet, Sie liegen im Bett. Ihr Gehirn bereitet sich auf das Einschlafen vor. Der Lesestoff ist von der Art, daß Sie wenig verstehen brauchen. Gleichwohl schwelgen Sie in Gefühlen, während Sie auf subvokalen Schwingen voranschweben. Eine kleine Nachtleuchte garantiert, daß Sie kaum noch etwas sehen. Langsam schließen sich Ihre Augen, das Buch deckt Ihr Gesicht.

Am nächsten Abend können Sie getrost mehrere Seiten zurückblättern, bevor Sie inhaltlich den Anschluß in Ihrem Gute-Nacht-Buch gefunden haben. Denn auf den letzten Seiten Ihrer Bettlektüre war Ihr Lesen am Vorabend nur noch schwingendes Klingen. Von Lesen und Verstehen keine Spur. Aber das war auch nicht Ihr Leseziel. Sie wollten einschlafen, sonst wären Sie mit dem Buch nicht ins Bett gegangen, sondern an den Schreibtisch oder an Ihr Lesepult.

Die Leseerfahrung, daß Sie lesen, ohne zu verstehen und es nicht einmal bemerken, gibt es aber auch, wenn Sie gar nicht einschlafen wollen. Manchmal lesen Sie und kommen gut voran. Doch mit einem Male stutzen Sie. Es wird Ihnen bewußt: Die letzten Seiten – und das muß schon länger so gewesen sein – sind irgendwie an Ihnen vorbeigerauscht. Sie blättern zurück, zwei, drei, vier oder noch mehr Seiten. Da erst kommt Ihnen der Text wieder bekannt vor. Sie nehmen nun an dieser Stelle wieder auf. Doch nach wenigen Seiten werden Sie das Gefühl nicht los, vorhin überhaupt nichts gelesen zu haben. Zumindest können Sie sich an nichts mehr erinnern, haben jedoch, und daran erinnern Sie sich nun wiederum genau, auch beim ersten Durchgang (aufmerksam) gelesen. Sie ahnen schon, wer Ihnen da einen Streich gespielt hat. Sie waren es selbst: Innerlich mitsprechend und mitschwingend hat es Sie – gedankenverloren – über mehrere Seiten hinweggetragen, ohne daß aus diesem Vorgang des Aufnehmens ein bewußter des Verarbeitens geworden wäre. Sie haben die Wörter gesehen, ohne sie zu verarbeiten. Und sind leicht vorangekommen. Die Subvokalisation macht das (leider) möglich. Sie kennen das von der Vokalisation, wenn Sie Sprüche oder Verse vortragen, ohne daß Sie wissen, was diese bedeuten.

Als Lesestörung widerfuhr dies Herrn C. Bei dem Geschäftsführer gingen täglich Berichte und Fachartikel über den Schreibtisch. Das Lesen hatte einen festen Platz in seinem Tagesablauf. Ausgeruht und zu günstigen Zeiten verrichtete er daher fast täglich seine Lesearbeit.

So war es ihm besonders peinlich, daß ausgerechnet sein Chef ihn eines Tages dabei antraf, als er doch tatsächlich über dem Lesen buchstäblich eingeschlafen war. Der weckte ihn unsanft aus dem vermeintlichen Büroschlaf und erfuhr, daß das Herrn C. nicht zum ersten Mal passiert war. Die üblichen Erklärungen griffen nicht. So dachte man bei der eingeleiteten Ursachenforschung sehr bald an gesundheitliche Mängel, die es, wie man glaubte, abzuklären gelte. Jedoch: Der Augenfachmann attestierte Herrn C. Falkenaugen. Herr C. ist außerdem Sportschütze und auch sonst trainierter Sportler. Sein Internist bescheinigte ihm eine unverwüstliche Gesundheit. Auch der Herz-Kreislauf-Spezialist konnte das unerwünschte Einnicken von Herrn C. nicht erklären. Lesen und dabei einschlafen, im Sitzen am Schreibtisch, regelmäßig? Da gab es nur Kopfschütteln.

Wir erfuhren von Herrn C. noch, er habe ein halbes Jahr vor dieser peinlichen Situation mit einem Metronom versucht, sich das Subvokalisieren abzugewöhnen, um schneller zu lesen. Das habe ihm aber nichts gebracht. Und es könnte sein, wenn er so überlege, daß das mit dem Einschlafen beim Lesen so ungefähr zu dem Zeitpunkt zum ersten Male aufgetreten sei, als er nach einer Weile vergeblichen Bemühens, die Subvokalisation loszuwerden, damit aufgehört habe.

Wir empfahlen Herrn C. täglich zehn Minuten lautes Lesen von etwas, das ihm wirklich Freude bereite. Es wurde bei ihm ein regelrechter Sport daraus. Er beglückte seine Kinder täglich mit Vorlesen vor dem Zubettgehen. Seine Gedichte, die er für sein Abitur hatte lernen müssen, kramte er wieder hervor. Herr C. deklamierte sie und lernte sie (noch einmal) auswendig.
Im Betrieb beorderte er Mitarbeiter zu sich und las ihnen bestimmte Teile aus Fachartikeln vor. Inzwischen bewältigt er wieder ganz gelassen sein Lesepensum im Betrieb – hellwach. Seine Lesevorträge, mindestens zehn Minuten täglich, behält er aber sicherheitshalber bei. Sie seien eine gute Medizin.

41 | Mitsprechen versteht den Wörtersalat – meistens

Auch wer nichts versteht, kommt gut im Text voran – und ganz ohne Klang geht Lesen auch

In unserer Abbildung, dem Modell »Lesen und Verstehen« (Abb. 27), fließen aus dem Sprechen, das beim Lesen lautlos und unbemerkt ist, gleichberechtigt die Gefühle und das Einschlafen. Generell ist also das Verstehen, obwohl wünschenswert, keine notwendige Bedingung des Lesens. Dieses unterschwellige Sprechen, Subvokalisieren genannt, kann auch dazu führen, daß der Text zwar in Ihrem Kopf klingt – Sie ihn aber nicht verstehen. Es kann sogar sein, daß er derart wohlklingt, daß Sie darüber einschlafen.

Normalerweise verstehen wir aber den Text. Denn das innere Mitsprechen ordnet die einzelnen Wörter des Wörtersalates, den die Augen auf der Netzhaut abbilden, indem es die im Klang zueinander passenden Wörter aneinanderreiht – wie Perlen auf einer Schnur. Damit stellt das Subvokalisieren die sprachliche Reihenfolge her, die den Sinn ergibt. Dann können wir den Text verstehen. (vgl. Abschnitt 10 »Wörtersalat«)

Allerdings können wir die übrigen Wörter, die wir mit jedem Blick darüber, daneben und darunter zusätzlich wahrnehmen müssen, für das Verstehen nicht nutzen. Das vermag nur, wer das Schnell-Lesen, seit 1992 »Turbo-Lesen« genannt, beherrscht. Hierbei ist das Subvokalisieren ausgeschaltet. Der Text wird ausschließlich über das Sehen und das Schriftbild entschlüsselt – das Klangbild der Wörter ist am Prozeß des Verstehens nicht länger beteiligt.

Das herkömmliche Lesen aber bedarf der Kopplung des Schriftbildes eines Wortes an sein Klangbild, das vom Sprechen her geläufig ist (lange bevor das Lesen und Schreiben beherrscht, das heißt zusätzlich das Schriftbild erlernt wurde). Was sich also beim Subvokalisieren verknüpft, damit das Lesen entstehen kann, muß vorher bereits im Kopf als Einheit von Schrift und Klang identifiziert worden sein. Dieses Erkennen kann auch in die Irre gehen. Denn wenn zum Beispiel der Artikel (der, die, das) fehlt, wird manchmal »Wand« statt »Wind« gelesen oder »Hand« statt »Hund«. Man sagt, man habe sich verlesen, und beschreibt damit, was wahrscheinlich im Kopf passiert ist: Das Schriftbild des Wortes wurde nicht mit dem zugehörigen Klangbild verbunden. Erst beim Weiterlesen kann der Irrtum entdeckt werden – wenn kein Sinn entsteht.

Generell liefert also die Klang-Schrift-Kopplung das Material für die Subvokalisation. Und erst die Subvokalisation führt zum Verstehen. Jenes kontinuierliche Herstellen der Wortfolgen ergibt den Sinn. Zusätzlich verhindert es, daß die Augen beim Lesen kreuz und quer in den Zeilen herumhüpfen; es steuert also die Optik, die sonst nicht in Zeilen arbeitet.

42 | Viel lesen macht schnell

Sie steigern Ihre Lesegeschwindigkeit gefahrlos und zuverlässig – indem Sie nach Gefühl lesen

Das nicht registrierte aber gleichwohl erforderliche Sprechen, das nur im Kopf passiert, übernimmt also, wenn wir es sinnesphysiologisch betrachten, eine absolut notwendige Aufgabe, damit wir beim Lesen überhaupt »den Sinn von Schriftzeichen erfassen« können, wie Lesen im Lexikon definiert wird. Es steuert unsere Optik, die normalerweise nicht in Zeilen arbeitet.

Und wenn wir das Subvokalisieren psychologisch betrachten, ist es das, was jedermann als Lesegefühl kennt. Es sorgt für die Sicherheit beim Lesen. Daß wir automatisch im Text voranschreiten – im angepaßten Leserhythmus, mal zügiger, mal langsamer. Dies garantiert unser Lesegefühl. Einfach schneller werden zu wollen kann es erheblich stören: Sobald wir unserem Gefühl nicht mehr trauen können, ist das Lesen nicht mehr sicher.

Das angemessene Tempo des Lesens ist aber nur dann gewährleistet, wenn nicht versucht wird, das innere Mitsprechen mit dem Willen zu beeinflussen. Denn das stört auch das Koppeln von Klang und Schrift der Wörter (vgl. Abschnitt 41 »Mitsprechen versteht den Wörtersalat – meistens«). Und dann wird dem Subvokalisieren das Material genommen – und damit das Lesen gefährdet.

Wer jedoch viel liest, dessen Klang-Schrift-Kopplung wird zuverlässig und sein Subvokalisieren sicher. Und das Lesen kann dadurch schneller werden. Denn sicher im Klingen zu sein bewirkt, daß zum Beispiel der Satz »Der Ball ist rund und bunt« ökonomisch günstiger gelesen werden kann. Der Satz wird in »Superzeichen« (vgl. Abschnitt 43 »Aus vier wird eins: Die Schnellen sind unter uns ...«) aufgenommen: »Der-Ball« »ist-rund« »und-bunt«. Das natürliche Lesetempo ist so verdoppelt. Niemand kann das aber willentlich herbeiführen. Und wie störend allein der Versuch sein kann, haben wir in der Zwischenbemerkung »Ein wenig schneller stört« beschrieben.

Die beste Methode, im konventionellen Bereich das Lesetempo zu steigern, können aber leider diejenigen, die schnelleres Lesen am dringendsten benötigen, kaum nutzen: regelmäßig sehr viel lesen. Denn dafür haben sie keine Zeit. Ganz gelassen, also ohne jede Hast, viel Text genießen – das aber ist der beste Turbolader für Ihr Lesen. Bis 1.000 Wörter pro Minute hinauf können Sie Ihr Lesetempo steigern. Wie das möglich ist, lesen Sie im nächsten Abschnitt.

43 | Aus vier wird eins: Die Schnellen sind unter uns ...

Viel lesen beschleunigt – Training aber eher nicht

In Kapitel I finden Sie die Berechnung: Ausgehend von einem Wort, das wir beim Lesen jede Viertelsekunde innerlich mitsprechen, kommen wir auf vier Wörter in der Sekunde und 240 in der Minute. 240 Wörter in der Minute entspricht der natürlichen und damit richtigen Geschwindigkeit, unabhängig davon, wie schwierig ein Text ist.

Nun kann es sein, daß Sie durch viel Lesepraxis vertraute Wortgruppen wie von selbst zusammenfassen und als ein Wort lesen: »wie-verlautet«, »wie-man-hört«, »es-grünt-so-grün«. Im letzten Beispiel sind es sogar vier Wörter in einem. Wie Sie in Kapitel I erfahren, sind es in deutschen Texten bis zu vier Wörter, die in einer Zeile nebeneinander in einen Leseblick passen können. Lesen werden Sie die vier Wörter nur dann wie eines, wenn Sie diese ganz von selbst wie ein einziges Wort aufnehmen. Wollen können Sie das nicht. Dieses Bilden von Superzeichen, das Kombinieren von Klangfolgen, kann nur funktionieren und so Ihr Lesen beschleunigen, wenn es automatisch geschieht. Dieser Mechanismus des Beschleunigens wirkt zuverlässig nur, wenn Sie ihn nicht bemerken.

Wenn Sie solche Wortgruppen (»es-grünt-so-grün«) häufiger lesen, dann verschmelzen sie bei Ihnen allmählich zu Einheiten der Subvokalisation. Stellen Sie sich vor, ein Text enthält vorwiegend solche Klangfolgen, die, wie zum Beispiel häufig in Englisch, Französisch, Italienisch und Spanisch, aus sehr kurzen Einzelwörtern bestehen. Und diese Klangfolgen sind Ihnen vertraut und werden von Ihnen als Einheit erfaßt. Dann kann es sein, daß Sie ein enormes Lesetempo bei sich messen. Lesen Sie nämlich Zeile für Zeile jeweils vier Wörter in einer einzigen Klangkopplung, also in einer Viertelsekunde, so erfassen Sie in einer ganzen Sekunde vier mal vier, das sind sechzehn Wörter. Ist das im gesamten Text durchgängig möglich, dann lesen Sie sechzehn mal 60 Wörter in jeder Minute. Ihr Lesetempo ist dann 960 Wörter pro Minute. Dann sind Sie ein sehr schneller Leser.

das registrieren müssen – Satzfragmente und sogar ganze Passagen während des Lesens überspringen.

Ob Sie viermal so schnell werden oder nur verdoppeln, das hängt auch davon ab, wie schnell Sie schon waren, bevor Sie mit Ihrem persönlichen Lesetraining begonnen haben. Lesen Sie zum Beispiel regelmäßig mit 150 Wörtern pro Minute, wäre es denkbar, daß Sie Ihr Tempo vervierfachen und hätten dann 600 Wörter pro Minute erreicht. Sind Sie aber bereits recht schnell und lesen mit 300 Wörtern in der Minute, haben Sie bei 600 Wörtern pro Minute Ihre Geschwindigkeit lediglich verdoppelt.

Spätestens bei einer Geschwindigkeit von rund 1.000 Wörtern pro Minute erreichen Sie die Grenze für genaues Lesen. Mit gängigen Methoden können Sie ohne Risiko für Ihre Lesefertigkeit nicht weiter steigern. Das erklären wir genauer in dem Abschnitt 45 »Grenzgänger«. Experimente zur Steigerung in dem Bereich bis zu einem Aufnahmetempo von zirka 3.000 Wörtern pro Minute können zu flüchtigen Ergebnissen führen, wie sie vom Diagonallesen her bekannt sind. Manchmal wird das Lesen jedoch bereits durch den Versuch gestört, das Tempo nur wenig über 240 Wörter pro Minute hinaus zu steigern.

44 | Vorsicht bei Beschleunigern!

Simple Methoden

Seit den 1960er Jahren ist weltweit bekannt, daß das Lesen in unglaublichen Geschwindigkeiten möglich ist. Das versuchten Leseforscher zu erklären. Außerdem wollten sie herausfinden, wieso es nicht nur sehr schnelle sondern auch sehr langsame Leser gibt. Zu diesem Zweck wurden zum Beispiel in den USA Messungen bei Lesern am Kehlkopf durchgeführt, wo die Stimmbildung stattfindet. Auf diese Weise wurde das Subvokalisieren nachgewiesen. Und die Forscher stellten fest, daß der Kehlkopf bei langsamen Lesern sehr viel intensiver arbeitet als bei schnellen. Daraus folgerten die Untersucher, daß das, was am Kehlkopf meßbar ist, das Lesetempo bremst. (vgl. Abschnitt 48 »Ist Subvokalisieren Sünde? Sprich alles oder nichts!«).

Um also schneller zu lesen, so dachte man, muß nur das Mitsprechen reduziert werden. Dazu wurden verschiedene Methoden erprobt. Neben solchen des Biofeedback wurden auch sehr einfache Mittel eingesetzt. Zum Beispiel sollte das Lutschen von Bonbons, Liedchensummen oder Zählen während des Lesens die Kehlkopfaktivität verringern. Oder ein Metronom sollte helfen, das Lesen zu beschleunigen. Im Sekundentakt wurde damit der Leser durch den Text gehetzt – und war sehr bald erschöpft. Der Grund: Der Schlag des Metronoms stimmt nicht mit dem Rhythmus der Sprache überein, richtet sich nicht nach dem der Sätze in einem Lesestück. (vgl. Abschnitt 38 »Das Notenlesen und die Sprachmusik«) Darum ist die monotone Vorgabe eines Metronoms kein geeignetes Hilfsmittel. Gefährdet wird sogar das Lesen selbst.

Sie sollten darum auf keinen Fall versuchen, mit welchen Mitteln auch immer, den Rhythmus Ihres inneren Mitsprechens absichtlich zu unterdrücken. Denn das kann zu verschiedenen Störungen Ihres Lesens führen. (Manchmal wird das für Konzentrationsschwäche gehalten.)

Sie nehmen die Informationen schlechter auf

- weil Ihre Augen in den Zeilen verrutschen
- weil sie mehrfach hinschauen müssen (Regressionen bilden)
- weil das zeilenweise Vorankommen gefährdet wird

Sie verarbeiten die Informationen schlechter

- weil Ihre Gedanken hüpfen
- weil Sie flüchtig lesen
- weil Sie Informationen übersehen und dadurch – nicht nur beim Lesen – unsicher werden

45 | Grenzgänger lesen gefährlich

Warum sich erfahrene Leser besonders hüten müssen

Lesestörungen treten besonders gravierend bei erfahrenen Lesern auf. Im Abschnitt 2 (»Zwei Lesegeschichten«) berichten wir von der Autorin, die vorübergehend von Lesestörungen geplagt wurde. Sie hatte damals einen Kurs besucht, um schneller lesen zu lernen. Bevor sie an dem Kurs teilnahm, lag ihre Lesegeschwindigkeit beim Dreifachen der üblichen. Das hatte sie sich durch viel Lesen erworben.

Doch nach dem Kurs konnte sie nicht schneller lesen. Statt dessen bereitete es ihr nun sogar Schwierigkeiten, einen Text ordentlich zu lesen. Sie verrutschte ständig in den Zeilen, mal nach oben, mal nach unten. Dabei war es ganz unerheblich, ob sie einen schwierigen Fachtext las – oder ihre Lieblingsbücher, die sie fast auswendig kannte. Am Inhalt konnte es also nicht liegen, daß die Autorin nicht mehr in der Lage war, den Text ordentlich aufzunehmen. Ganz gleich, was sie in die Hand nahm: Sie hatte große Mühe, in den Zeilen zu bleiben.

In dem Kurs wurde damals versucht, der Autorin ganz allmählich das innere Mitsprechen abzugewöhnen. Zu diesem Zweck leitete der Kursleiter sie an, von Woche zu Woche das Lesetempo zu erhöhen. Mit dem Finger wurden Übungstexte zeilenweise abgetastet. In der ersten Woche war die Tempovorgabe eine Zeile pro Sekunde, in der nächsten Woche zwei Zeilen pro Sekunde. Es folgte in der dritten Woche das bustrophedone Lesen (wie der Ochse pflügt): Der Finger fuhr die erste Zeile von links nach rechts, die zweite von rechts nach links und so weiter. Das Tempo wurde mit einem Metronom vorgegeben, welches im Sekundentakt schlug. Steigerung in der vierten Woche: bustrophedones Lesen – zweizeilig.

Heute erklären wir uns die damalige Lesestörung der Autorin so: Das »Blicke-Netz« war gerissen.

Betrachten Sie dazu die Abbildung 29, die vier Blicke-Netze darstellt, die in einem Leseabstand von 33 Zentimetern geworfen werden. Die drei ersten, die von der natürlichen Lesegeschwindigkeit ausgehen, können Sie bereits verstehen, wenn Sie unsere Lesetheorie kennen. Dadurch wissen Sie, daß ein Wort pro Blick aufgenommen wird und wie viele Wörter in diesen Blick hineinpassen.

Das erste Netz zeigt, wie viele Blicke auf den dreizeiligen Text in der Abbildung fallen.

Bei dem zweiten Netz erkennen Sie, wie oft das Wort »begegnen« oder Teile davon in Ihren Blick gelangen, wenn Sie den Dreizeiler lesen. Sie sehen in dieser Darstellung, wie verschwenderisch Sie Wörter wahrnehmen – mit normalem Lesetempo.

Das nächste Netz-Bild in der Abbildung beschreibt die Blickfolge auf alle Wörter der ersten Zeile des Dreizeilers.

Das vierte Netz-Bild zeigt, wie ein Leser mit etwa 480 Wörtern pro Minute, also mit doppeltem Naturtempo, die erste Zeile erblicken würde. Sie erkennen, daß der schnellere Leser weniger Blicke wirft. Das liegt an seiner Fähigkeit, die er sich durch Viellesen erworben hat. Wie wir im Abschnitt 43 beschreiben, sind ihm dann Wortfolgen in der Lesezeile geläufig, die er wie zu einem einzigen Wort verknüpft – und in einem Blick erfassen kann (Superzeichen). In unserem Beispiel sind so die Anzahl der Blicke von elf auf sechs reduziert.

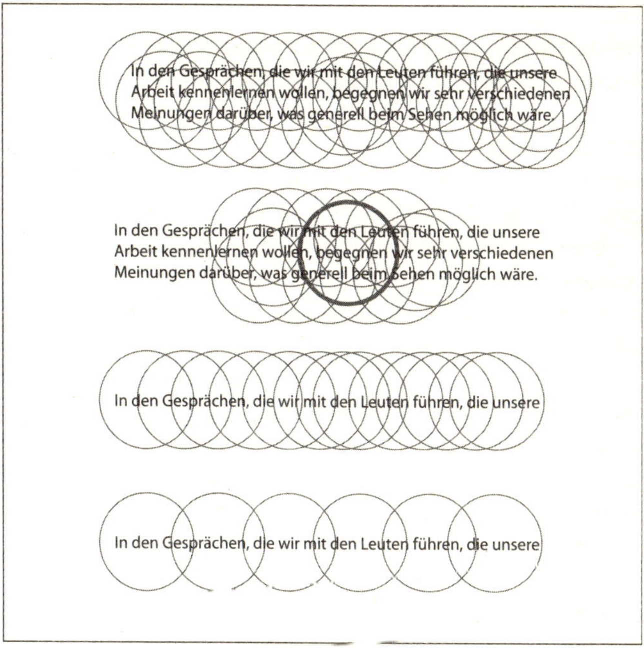

Abbildung 29 | Das Blicke-Netz

Zurück zur Lesestörung und wieso Grenzgänger gefährlich lesen. Sie können nachvollziehen, daß das Bilden von Superzeichen nicht endlos erweitert werden kann. Denn je länger diese sind, desto weitmaschiger wird das Blicke-

Netz. Optimal ist es dann geknüpft, wenn es gerade noch zusammenhält – die Blickflächen nicht mehr überlappen, sondern einander gerade noch berühren. Dann ist das übliche Lesen am ökonomischsten: Kein Blick wird mehr verschwendet. Wer an dieser Lesegrenze liest, sollte nicht versuchen, sie zu überschreiten.

Denn wer sich dann antreiben läßt, die Augen beim Lesen schneller durch den Text zu ziehen, sei es durch Metronom, Finger oder sonstwie, dem läßt sein Blicke-Netz keinen Spielraum mehr. Denn die Blickflächen können nicht noch weiter auseinandergezogen werden, als sie es ohnehin schon sind. Sonst reißt das Blicke-Netz.

Wenn also die Blickfläche von der subvokalen Einheit in einer Zeile vollständig ausgefüllt ist, gibt es für die Augen keinen Hinweis mehr, wo der Blick den nächsten zugehörigen Klang finden könnte. Und so verlassen die Fixationen die Textsystematik und verirren sich. Die Blicke suchen dann andere Reize, die interessanter sind als die Schriftzeichen. Das waren dann zum Beispiel, erinnert sich die Autorin, Lücken und Leerzeilen im Text.

Besonders bei sehr flinken Lesern kann es also passieren, daß diese ihre Lesegrenze sprengen und dann über Lesestörungen klagen. Und generell muß man sagen: Wer versucht, sein Lesen mit nicht geeigneten Mitteln zu beschleunigen, muß mit negativen Folgen für seine Lesefertigkeit rechnen.

46 | Die Lautmechanik pflegen

Genüßliches Vorlesen ist langsam – aber es pflegt Ihr Arbeitslesen

Mit einer Geschwindigkeit von 120 Wörtern in der Minute können Sie gemütlich Ihren Kindern etwas vorlesen. Unser Sohn Antonius, zur Zeit (1993) im ersten Schuljahr, liest seine Geschichten aus dem Schulbuch vor – mit einem Tempo von rund 60 Wörtern in der Minute. Dabei schaut er sich also jedes Wort viermal an. Wenn seine Mutter denselben Text mit ordentlicher Betonung flüssig vorliest, messen wir 120 Wörter pro Minute. Sie schaut sich dabei also jedes Wort zweimal an. Beim Vorlesen bestimmt die Vokalisation das Lesetempo; sie bremst stärker als das innere Lautlesen.

Sollten Sie bei sich Anzeichen von Lesehast registrieren, können Sie etwas dagegen tun, damit Ihre Lautmechanik nicht unter der Eile leidet. Denn der Mechanismus Ihrer Subvokalisation, der Ihre Leseoptik steuert, kann gepflegt werden. Am besten gelingt Ihnen das durch Vorlesen. Tragen Sie hin und wieder sich oder anderen ein paar Minuten etwas vor. Versuchen Sie, dabei gut zu betonen und die richtige Satzmelodie zu treffen. Wenn Sie kleine Kinder haben, können Sie ihnen Märchen oder Verse vortragen. Nehmen Sie etwas, das Sie gerne lesen. In dem Abschnitt 40 »Mit Kinderreimen wieder lesen lernen« berichten wir davon, wie Herr C. sogar seine Lesestörung auf diese Weise behoben hat. Aber soweit brauchen Sie es ja nicht kommen lassen.

Und noch ein Rat: Lassen Sie keinen Lesebeschleuniger an sich heran, dessen Methode Sie nicht vorher gründlich geprüft haben.

47 | Konzentration wird K(r)ampf

Sie können sich nicht konzentrieren wollen

Über die Schwierigkeit, daß es manchmal trotz größter Willensanstrengung nicht gelingt, effektiv und effizient zu arbeiten, und daß vor allem beim Lesen beides gleichzeitig zu leisten besonders schwierig sein kann – darüber haben wir in der Zwischenbemerkung »Effektivizient?« bereits geschrieben. (vgl. Abschnitt 32 »Planvoll lesen contra Lesezwickmühle«)

Ähnlich schwierig ist das mit der Konzentration. In Kapitel I beschreiben wir, daß es einfache äußere Ursachen haben kann, wenn es ein Problem wird, sich zu konzentrieren. Dennoch lautet die landläufige Meinung: Wer sich nicht konzentrieren kann, ist selbst daran schuld. Denn wer es nicht zustande brächte, sich zu konzentrieren – manchmal heißt es auch: sich zu motivieren –, könne nicht ordentlich arbeiten. Empfohlen wird der Einsatz eines festen Willens, mit dem die Konzentrationsschwäche leicht zu meistern wäre.

Dem kann die Erfahrung entgegenhalten werden: Je mehr sich jemand konzentrieren will, desto weniger gelingt es ihm. Zu solcher Sei-spontan-Paradoxie haben wir eingangs des Kapitels I schon einiges geschrieben. (vgl. Abschnitt 3 »Die Augen«)

Die Medizin gegen die Schwierigkeit, sich zu konzentrieren, kann nicht im eigenen Kopf gefunden werden. Wenn Sie es trotzdem versuchen, wird Ihr Ringen um Konzentration ein aussichtsloser Kampf gegen sich selbst. Ihr Vorhaben »Ich will mich konzentrieren« führt direkt in den Krampf.

Die Lösung liegt vielmehr im Drumherum Ihres Lesens. Gestalten Sie Ihren Leseplatz so, daß Konzentration möglich wird. Organisieren Sie die Bedingungen Ihres Lesens und nehmen Sie Ihren Arbeitsplatz kritisch unter die Lupe.

Stimmen müssen zum Beispiel Tisch- und Stuhlhöhe: Über längere Zeit sollten Sie bequem dort sitzen können, ohne daß sich irgendwelche Muskeln Ihres Körpers dabei verspannen. Das probieren Sie am besten aus, indem Sie einige Minuten mit geschlossenen Augen wie üblich an Ihrem Platz sitzen. Und dann registrieren Sie, wo Sie etwas stört. Prüfen Sie ebenso kritisch die übrigen Bedingungen Ihres Arbeitsplatzes, an dem Sie lesen. Und wieso wir mindestens 1.000 Lux Beleuchtungsstärke am Leseplatz empfehlen, haben wir in Kapitel I abgeleitet. Das Konzentrieren wird bei diesem Leselicht sehr viel leichter als bei Sparlicht.

Und organisieren Sie Ihre Lesearbeit so, daß Sie nur solange lesen, wie Sie konzentriert sind. Akzeptieren Sie es einfach, wenn Sie es nicht mehr sind. Nutzen Sie statt dessen Ihre Konzentrationsschwäche. Das viel geschmähte Chaos (als Zettelwirtschaft oder Gschaftlhuberei) hält Sie wach beim Lesen. Räumen Sie doch einfach zwischendurch wieder einmal auf. Und halten Sie die neuen Einfälle fest, die Sie beim Aufräumen haben. In jedem Fall bringt das Herumlaufen Ihren Kreislauf in Schwung. Und trinken Sie mindestens zwei Liter Mineralwasser jeden Tag – Büroluft ist trocken.

Seien Sie bitte vorsichtig mit Geräuschen um sich herum. Diese sollten das Subvokalisieren, das Sie zum Lesen so dringend benötigen, nicht überlagern. Häufig sind Hintergrundmusik oder schöne Klänge ein Kompromiß zwischen notwendiger Ruhe im Leseraum und dem minimalen Lärmpegel, den viele Menschen heute brauchen, um sich konzentrieren zu können.

48 | Ist Subvokalisieren Sünde? Sprich alles oder nichts!

Unglaubliche Lesegeschwindigkeiten sind möglich

Bemühen Sie sich um besseres Lesen, das zudem auch schneller sein soll, begegnen Sie häufig der Meinung, daß das Subvokalisieren eine Todsünde wider das Lesen sei. Meistens ist diese Ansicht verknüpft mit dem Hinweis, wie Sie etwas weniger sündigen könnten, wie aus der Todsünde eine läßliche werden könne. Ein bißchen weniger Mitsprechen, wenn Sie lesen – und das sei ganz einfach. Aber einen Knopf, mit dem Sie das Mitklingen abschalten könnten, gibt es nicht. Und seien Sie froh darüber, denn vielleicht könnten Sie sonst diese Zeilen gar nicht mehr ordentlich lesen.

Den Hintergrund für die Meinung, das Subvokalisieren sei ein Fehltritt, haben wir im Abschnitt 44 (»Vorsicht bei Beschleunigern!«) dargestellt. Das innere Mitsprechen wurde als das langsamste Schiff im Geleitzug Lesen ausgemacht. Die Subvokalisation doch einfach herauszunehmen, dann werde das Ganze rasant schneller, war die Idee.

Sie ist so verkehrt nicht. Wenn es gelänge, das Subvokalisieren völlig auszuschalten und den Text trotzdem sinnvoll aufzunehmen, dann müßte Lesen möglich sein, so schnell wie wir gucken können. Seit Jahren erleben wir Leseleistungen mit Aufnahmegeschwindigkeiten, in denen es schlicht nicht mehr möglich sein kann, daß der Text noch über das Mitsprechen verstanden wird.

Ein Rechenbeispiel: Ein Text hat 417 Wörter auf einer Seite – jemand liest die Seite in zweieinhalb Sekunden. Sie haben richtig gelesen: in zwei und einer halben Sekunde – nicht Minute. Dann ist sein Lesetempo 10.000 Wörter in der Minute. Das können Sie mit der Formel für die

Lesegeschwindigkeit nachrechnen. Die Formel lautet: Anzahl Wörter x 60 geteilt durch Lesezeit in Sekunden = Lesetempo in Wörtern pro Minute (WpM).

Setzen Sie die gemessenen Werte ein: 417 × 60 : 2,5 = 10.000

Wir haben betont: zweieinhalb Sekunden – nicht Minuten, weil auch das ein denkbares Meßergebnis sein könnte (167 WpM). Auch manch ein Akademiker liest seine Fachtexte regelmäßig mit dieser langsamen Aufnahmegeschwindigkeit, mit rund 170 Wörtern pro Minute.

Ergebnisse mit zweieinhalb Sekunden Lesezeit pro Textseite (10.000 Wörter pro Minute) haben wir bereits gemessen, lange bevor wir unsere Lesetheorie entwickelt hatten. Andere vor uns stellten ebenfalls solch hohe Lesegeschwindigkeiten fest, die mit dem normalen Lesen vergleichbare Leistungen ergaben. (vgl. McLaughlin)

Lesegeschwindigkeiten von 10.000 WpM lassen sich nicht durch ein Weniger an Mitsprechen erklären. Rechnen wir einmal: Eine Viertelsekunde ist normalerweise die Lesezeit für ein Wort, wenn Sie subvokalisieren – das heißt: mit 240 Wörtern in der Minute lesen. Nehmen Sie jetzt einmal die Anzahl der Wörter, die Sie in dieser Zeit lesen könnten, wenn das Aufnahmetempo 10.000 Wörter pro Minute wäre. Sie könnten auf der Seite mit den 417 Wörtern nur zweieinhalb Sekunden sehend verweilen:

- 2 ½ Sekunden
- das sind 10 Blicke
- das sind 10 Wörter

Sie können also nur 10 von 417 Wörtern erfassen. Von 417 sind 10 Wörter gerade mal 2,4 Prozent. Was jemand mit logischem Denken und Kombinationsgabe anhand von 2,4 Prozent an Wörtern auf den Inhalt eines Textes rückschließen kann, das können Sie selbst ausprobieren.

Lassen Sie ein Gesellschaftsspiel daraus werden: Greifen Sie an Ihrem nächsten geselligen Abend zu einem Buch und lesen Sie zunächst selbst eine beliebige Seite darin. Wählen Sie zehn Schlüsselwörter auf dieser Seite aus und lesen Sie diese Ihren Gästen vor. Jeder Mitspieler soll sich alle 10 Wörter notieren und eine kurze Geschichte dazu erfinden. Danach liest jeder seine Geschichte vor. Zum Schluß tragen Sie die Seite des Buches vor, aus der Sie die Wörter entnommen haben. Ihre Gäste sollten freilich das Buch vorher nicht sehen, sonst ist vielleicht ein Spielverderber dabei, der das Buch schon kennt.

Wir nehmen das Ergebnis des kleinen Experimentes vorweg: Sie bekommen von Ihren Gästen sehr verschiedene Geschichten zu hören. Die Geschichten haben jedoch wenig mit dem zu tun, was auf der Textseite geschrieben steht, der Sie die Wörter entnommen haben.

Wenn wir Lesegeschwindigkeiten von 10.000 Wörtern in der Minute messen, können keine Wörter mehr innerlich mitgesprochen worden sein. Einzelne Wörter (subvokal) herauszugreifen kann kein Lesen sein. Denn es kann nicht zum Verstehen des Textes führen, selbst wenn die 2,4 Prozent der Wörter zufällig Schlüsselwörter wären.

Wer also einen Text mit 10.000 Wörtern in der Minute lesen kann, muß das auf einem grundsätzlich anderen Wege leisten, als wir es in der Schule gelernt haben.

49 | Schnell-Leser haben Weitblick

Das Ergebnis: 400 Seiten in 40 Minuten

Schnell-Lesen, das Turbo-Lesen, geht einen grundsätzlich anderen Weg: Turbo-Leser verstehen, was sie sehen. Der Inhalt der gesamten Blickfläche wird genutzt. Sämtliche Wörter, die jede Viertelsekunde in den Blick gelangen, werden gelesen. Und nicht nur, was lediglich zeilenweise nebeneinander in den Blick paßt, sondern auch die Wörter darüber und darunter.

Das gelingt erst, wenn die gesamte natürliche Blickkapazität für das Verarbeiten des Textes genutzt wird. Dann kann man bis zu 10.000 Wörter pro Minute lesen. Das ist nach unseren Messungen auch die Grenze für genaues Lesen.

Bei höheren Geschwindigkeiten stellen wir zumeist ein Minus bei der Wiedergabe von Fakten fest. Das Lesetempo, das im Beruf eingesetzt wird, bewegt sich darum zwischen 2.400 und 10.000 Wörtern pro Minute, den Grenzen für genaues Schnell-Lesen. In diesem Bereich ergeben sich oft sogar mehr richtige Antworten auf Fragen zum Text als nach herkömmlichem Lesen. Turbo-Lesen ist eben nicht nur schnell, sondern auch genau.

Wir haben die Möglichkeit, sehr schnell zu lesen, nicht erfunden. Lange bevor wir unser Konzept entwickelt hatten, gab es andere, wie einer Werbebroschüre des »Institut für Dynamisches Lesen« zu entnehmen ist, das bis 1971, zuletzt in Frankfurt am Main, Kurse für »Dynamic Readings« anbot. Evelyn Wood, früher Lehrerin in Utah / USA, sei die Entdeckerin dieses Dynamischen Lesens gewesen. Im Jahre 1945 habe Sie ihre ersten Beobachtung gemacht, als Sie ihrem Professor ihre Diplomarbeit vorlegte. In wenigen Minuten hatte der Professor die Arbeit von immerhin achtzig

Seiten gelesen und sofort mit der Diskussion darüber begonnen. Diese Art zu lesen habe Evelyn Wood dermaßen fasziniert, daß sie sich jede freie Minute damit beschäftigte, ist in der Broschüre zu lesen. Sie arbeitete eine Methode aus, nach der Dynamisches Lesen regelrecht erlernt werden kann. »Für die Ausarbeitung brauchte Evelyn Wood zwölf Jahre.«

Als wir 1979 begannen, wußten wir zunächst nichts von Evelyn Wood. Denn unser damaliges Kursmaterial »Dynamisches Lesen«, mit dem wir zunächst gearbeitet hatten, verschwieg seine Quellen. Wir wußten und erlebten aber regelmäßig, daß Lesegeschwindigkeiten bis zehntausend Wörter in der Minute möglich sind.

Im Laufe der Jahre haben wir alle Informationen zum Dynamischen Lesen von Evelyn Wood zusammengetragen, an die wir gelangen konnten. Auch, weil die Ergebnisse trotz unterschiedlicher Lehrmethoden vergleichbar sind. Bis heute aber wissen wir nicht – und wir haben in all den Jahren darüber gerätselt – was geschehen sein könnte, daß das Dynamische Lesen von Evelyn Wood quasi von einem Tag auf den anderen, wie es scheint, verschwunden ist.

Eine andere Methode, die in ihren Ergebnissen vergleichbar ist, kennen wir aus Japan. 1987 berichtet Margret Schilling im Magazin »Stern« von japanischen »Schnellesern«. Eine junge Japanerin könne ein 200 Seiten umfassendes Buch in 60 Sekunden lesen. »Dann beginnt sie, den Inhalt vorzutragen. Erfunden haben die Japaner diese Technik freilich nicht«, schreibt Margret Schilling, »sie stammt aus Korea, wo sie ein ehemaliger japanischer Journalist lernte und anschließend auf das Japanische übertrug.« »Um zu diesem Ergebnis zu gelangen«, wird in dem Beitrag erläutert, »nutzen die Japaner Meditationstechniken, die es ermöglichen, völlig abzuschalten und dadurch extrem aufnahme- und leistungsfähig zu werden«. Seit 1985 existiere eine »Lesegesellschaft« in Yokohama, die inzwischen auf 30.000 Mitglieder aller Altersstufen und Berufssparten angewachsen sei. Die Hälfte der Schüler habe bisher den dritten Leistungsgrad erreicht, nur drei seien in die Spitzenklasse eins vorgedrungen.

50 | Schnell-Lesen – das Turbo-Lesen

Ohne Meditation: Turbo-Lesen ist ein Handwerk

In Leistungsklassen, wie es die Japaner praktizieren, teilen wir die Turbo-Leser nicht ein. Denn wer das Turbo-Lesen beherrscht, nutzt es so, wie es ihm sein Leseziel vorgibt und wie es seiner Leselage entspricht – mit einer Geschwindigkeit zwischen 2.400 und 10.000 Wörtern pro Minute. Die Grenzen des Turbo-Lesens sind dabei von ganz praktischer Art. Sie werden bestimmt von der Geschicklichkeit beim Blättern, dem Druckbild und dem Leseabstand.

Der Schwierigkeitsgrad eines Textes ist für die Frage, wie schnell mit der Methode gelesen werden kann, ohne Bedeutung. Und Meditation ist für das Turbo-Lesen ebenfalls nicht erforderlich. Als reines Arbeitslesen geschieht es in einem bewußten Vorgang des Aufnehmens und Verarbeitens – als jederzeit abrufbare Fertigkeit und wird beständig beherrscht zusätzlich zu dem herkömmlichen Lesen.

Nur selbst beibringen kann es sich (noch) niemand – der Sprung dahin ist im Selbsttraining wohl nicht zu schaffen. Denn ein schnelleres Lesen, als es das individuelle Lesegefühl vorgibt, kann nur mit deutlich erhöhter Geschwindigkeit gelingen: erst ab mindestens dem Zehnfachen des persönlichen Lesetempos. Und auch das

Üben muß sofort in diesem Bereich beginnen, damit das herkömmliche Lesen nicht gestört wird. Genutzt wird das Turbo-Lesen wie ein Handwerk: Die wichtigsten Werkzeuge beim Turbo-Lesen sind die Augen und der Zeigefinger der Schreibhand.

Anhang

Die folgende Rezension erschien zum ersten Mal im Oktober 1998 in dem Organ der Deutschen Transplantationsgesellschaft »Transplantationsmedizin«, Seite 163. Der Abdruck erfolgt mit freundlicher Genehmigung der Autorin Dr. med. Britta Uhde.

Rezension aus dem Jahre 1998

In der Transplantationsmedizin: Erste Hilfe bei Lesestörungen

Das 200seitige, 1995 im Gabler-Verlag erschienene Büchlein richtet sich an alle, die beruflich viel lesen müssen und diese Tätigkeit optimieren möchten. Dies, so machen die Autoren, die sich seit Jahren mit dem schnellen und effizienten Lesen befassen, von vornherein klar, ist keinesfalls zu verwechseln mit dem Schnell-Lesen, dem Turbo-Lesen, bei dem Lesegeschwindigkeiten im Bereich des 10- bis 40-fachen der normalen Lesegeschwindigkeit erreicht werden und das aufwendig trainiert werden muß. Statt dessen werden in diesem Buch »Techniken und Strategien, effizient zu lesen« vermittelt, die man sich im Gegensatz zum Turbo-Lesen, im Selbststudium erarbeiten kann.

Warum effizient lesen? Die Antwort findet sich bereits im Vorwort in dem lapidaren Satz: »Lesezeit ist rar.« Nun scheint Zeit in unserem Alltag allgemein Mangelware zu sein, aber Zeit zum Lesen zu finden ist offenbar besonders schwer. Denn wer kennt sie nicht: die Stapel ungelesener Fachzeitschriften, die sich, geordnet nach Dringlichkeit und Stadium der Erledigung, auf dem und in der Umgebung des Arbeitsplatzes türmen und ein Gefühl der Ohnmacht vor der ungeheuren Informationsflut vermitteln. Was, Circulus vitiosus der resultierenden »Lesehast«, zu unsicherem und langsamem, also ineffizientem Lesen führt.

Ein Weg aus diesem Dilemma (neben dem hochspezialisierten Turbo-Lesen) führt über gutes »Lesemanagement«. Hiermit befaßt sich das vorliegende Buch – um mit den Autoren zu sprechen:

- Wie bekomme ich die erforderlichen Informationen mit möglichst wenig Zeitaufwand?
- Wie kann ich das Lesen möglichst effektiv und zeitsparend gestalten?
- Und wie organisiere ich mein Drumherum, damit ich optimal lese?

Diese Antworten werden in fünf großen, ihrerseits in kleinere, gut lesbare Abschnitte gegliederten Kapiteln erarbeitet. Das erste Kapitel stellt einen Exkurs in die Leseforschung dar. Von der Schwierigkeit, die Leseleistung zu messen, über neuro-physiologische Grundlagen des Lesens bis hin zur Lese-Ergonomie. Dabei kommt allerhand Wissenswertes zutage:

- Daß wir (fast) alle mit einer nahezu konstanten Lesegeschwindigkeit von 240 Wörtern pro Minute lesen und daß diese Geschwindigkeit durch das innere Mitsprechen, das »Subvokalisieren« limitiert ist.
- Daß dieses wiederum der entscheidende Mechanismus ist, der uns hilft, unsere von der Natur begrenzte Blickspanne sicher durch den »Wortsalat« einer ganzen Seite zu steuern
- Daß man gleichwohl die Lesegeschwindigkeit etwas steigern kann durch Viellesen
- Daß die Leseleistung – unter anderem durch Charakteristika von Text und Druckbild bestimmt wird
- Daß die Gestaltung des Arbeitsplatzes immens wichtig ist
- Daß (und warum) wir gutes Licht (mindestens 1.000 Lux) brauchen

- Und warum uns Lärm und Musik, farbliche und Helligkeitskontraste so sehr ablenken

Vieles davon ist keineswegs neu, aber die klare und fundierte Darstellung dieser Phänomene spornt dazu an, diese »Weisheiten« endlich einmal umzusetzen.

Im zweiten Kapitel wird es etwas praktischer: Die Autoren stellen zunächst ihre Version der »Textverarbeitung« vor: eine optimierte, besonders übersichtliche Form von Notizen zum (gelesenen oder noch-nicht-gelesenen) Text, die sie »Textbild« nennen und deren Gebrauch in den folgenden Kapiteln erklärt wird.

Das dritte Kapitel handelt vom »Überblicken mit System«: davon, wie man unter Führung der Hand, welche die Seiten blättert, die Augen zügig durch den Text führt und damit eine grobe Orientierung über den Inhalt gewinnt, anhand derer man entscheiden kann, ob der Text ganz oder nur punktuell, womöglich gar nicht gelesen oder vielleicht richtig gelernt werden muß. »Planvolles Nicht-Lesen« nennen das die Autoren – konsequent angewandt bringt uns diese Methode unserem Ziel, dem »Zeit- und Informationsgewinn«, erheblich näher.

Im vierten Kapitel schließlich ist vom »Lesen mit System« die Rede, aber noch immer wird nicht einfach losgelesen. Vielmehr empfehlen die Autoren, sich dem zu bearbeitenden Text Schritt für Schritt zu nähern. Dabei lautet die Devise: Zielstrebigkeit. Man frage sich: Was will ich erreichen – welche Informationen erwarte oder benötige ich? Durch die sukzessive Anwendung zeitsparender Techniken – »Überblicken mit System«, Aufsuchen von Schlüsselbegriffen, sowie »punktuelles Lesen« – läßt sich ein Text bereits weitgehend erfassen, ohne ihn von vorn bis hinten gelesen zu haben.

Erst dann soll der Text (sofern überhaupt nötig) ganz gelesen und können gegebenenfalls bestimmte Daten und Fakten herausgefiltert werden. Dies klingt zunächst recht aufwendig und zeitraubend, zumal zu jedem dieser Arbeitsschritte jeweils ein Textbild angefertigt werden soll, das unter anderem der Dokumentation und Selbstkontrolle dient.

Entscheidend aber ist, daß nach jedem Schritt das Erreichte (anhand der Textbilder) mit dem Leseziel abgeglichen – und der Lesevorgang abgebrochen wird, sobald das Ziel erreicht ist.

Im fünften und letzten Kapitel wird unter der Überschrift »Souverän lesen« einiges noch einmal rekapituliert, und es wird der eine oder andere nützliche Tip gegeben – unter anderem zum Thema »Erste Hilfe bei Lesestörungen«, die auch oder gerade den geübten Leser heimsuchen können.

Insgesamt haben die Autoren, von Haus aus Physikerin und Diplom-Pädagoge, die sich, motiviert durch eigene leidvolle Erfahrung, über viele Jahre mit dem Thema beschäftigt haben, ein Buch geschrieben, das hervorragend lesbar ist unter anderem deshalb, weil sie ihre Erkenntnisse auch in der inhaltlichen und formalen Gestaltung ihres Buches konsequent umgesetzt haben. Es erscheint wissenschaftlich fundiert und beschränkt sich dennoch auf das Wesentliche, ohne sich in endlosen, von Fremdwörtern strotzenden neurophysiologischen Abhandlungen zu verlieren. Nicht zuletzt kann man es auch als eine praktische Anleitung zum besseren Lesen verstehen. Die erworbenen Erkenntnisse in die Tat umzusetzen und mit den Mißständen am eigenen Arbeitsplatz aufzuräumen, bleibt selbstverständlich in der Verantwortung des Lesers. Die Grundlagen dafür – und eine gehörige Portion Motivation – werden durch das Buch des Ehepaares Michelmann allemal vermittelt.

»Berufliches Lesen« | »Turbo-Lesen« |

Die beiden folgenden Texte werden im Rahmen des ehrenamtlichen Dienstes der »DGfbL e. V.« den Ratsuchenden mit der Bitte vorgelegt, diese einmal zügig mit Zeitnahme zu lesen – als Simulation der Lektüre eines beruflich zu bearbeitenden Lesestücks.

TESTTEXT 1

(Der folgende Aufsatz wurde bisher lediglich einmal veröffentlicht: in einer Fachzeitschrift für Steuerberater)

Berufliches Lesen kann geschult werden

»Frage: Was haben Karl der Große und der Manager von heute gemeinsam?«, schrieb im Februar 1991 ein Redakteur seinen Lesern ins Magazin (1). Die Antwort, die er selber gab, wurde als Provokation empfunden: »Beide haben nie richtig lesen gelernt.«

Nicht minder anstößig wirkt die These dieses Beitrages: Auch erfahrene Leser können ihr berufliches Lesen noch verbessern – zum Beispiel mit einem Trainingsbuch (2), das manche auch ohne zusätzliche Anleitung mit Erfolg nutzen. Wer beruflich liest, ist in unterschiedlicher Gewichtung mit diesen drei Leselagen konfrontiert: Massen von Lesestoff sind zu sichten, Vieles muß genau gelesen werden und manchmal dient das Lesen im Beruf Studienzwecken. Die drei Leselagen können mit drei wirkungsvollen Strategien beruflichen Lesens rationell bewältigt werden. Übungsliteratur ist stets die eigene Berufslektüre.

Drei Strategien beruflicher Leseoptimierung:

Lesestrategie 1 – Massen rationell sichten

Wer beruflich liest, sollte Massen von Lesestoff rationell sichten können, damit er informiert ist – möglichst ohne überhaupt (genau) lesen zu müssen. Als Alternative zu dem zumeist als unbefriedigend erlebten so genannten Querlesen werden einfach zu erlernende Techniken des Sichtens und des Findens genutzt, die zeitaufwendiges Lesen zum Beispiel hin zu einer Fundstelle vermeiden helfen. Der Vorgang des genauen Lesens kann sich dann auf jene Texte und Textstellen beschränken, die der Leser selbst als wichtig und nützlich für die eigene Informationsarbeit einschätzt.

Manche finden nur schwer Zugang zu diesen Techniken eines »planvollen Nichtlesens« (3). Das »Blättern im Sekundentakt«, das »Schlüsselwortlesen« oder die »Suchworttechnik« erschließen sich als nützliche Verfahren einer Textbearbeitung dem erfahrenen Leser häufig erst, nachdem er diese tatsächlich erprobt hat und damit erfolgreich war.

Daß zum Beispiel im Zeigefinger der Schreibhand eines jeden Berufslesers eine unerwartete, gleichwohl zuverlässige Suchfunktion verborgen ist, die nur darauf wartet, genutzt zu werden, muß erst erlebt werden: Wenn der Finger schwingend über mehreren Seiten eines Buches innerhalb weniger Sekunden das Suchwort »Gold« gefunden hat – ohne daß auch nur ein Wort außer dem gesuchten gelesen worden wäre, dann ist der Zeitgewinn evident. Minutenlang pro Seite hätte nämlich gelesen werden müssen, damit das Wort »Gold« hätte gefunden werden können. Dies jedoch wird auch mit richtigem Lesen nicht immer gelingen, weil das Ziel des Vorgangs während der minutenlangen Lektüre in Vergessenheit geraten kann: nämlich nur das eine Wort »Gold« zu finden.

Als kleiner Test, ob der Anwender der Suchworttechnik den Schwingfinger richtig eingesetzt hat, dient die Frage nach dem Inhalt des Textes, über welchem sich der Finger suchend bewegte. Wird das Wort treffsicher in Sekunden gefunden, aber nichts vom Inhalt berichtet werden können, ist sicher, die Suchworttechnik wird sicher beherrscht und man wird nie wieder (endlos) lesen, nur um ein Wort zu finden.

Jeder kennt diese Suchfunktion von der Arbeit am Rechner. Und wie beim Computertextprogramm wird bei auch nur geringfügiger Änderung der Zeichenfolge des gesuchten Wortes jenes nicht gefunden. Wer zum Beispiel »Mandant« sucht, wird »Mandat« nicht finden – und umgekehrt.

Lesestrategie 2 – Genau lesen mit System

Das Lesen im Beruf, sofern es noch zum Alltag gehört, ist manchem so selbstverständlich geworden, daß er dazu neigt, einfach ohne Systematik damit zu beginnen. Denn wenn jemand kaum die Viertelstunde Zeit hat, zum Beispiel einen mehrseitigen Bericht wenigstens einmal ganz zu lesen, will er keine zusätzliche Zeit aufwenden, um sich auch noch darauf vorzubereiten. Er möchte mit einem einzigen Lesegang zügig hindurch gelangen.

Manchmal weiß der Leser allerdings danach, daß er sich die Mühe hätten sparen können. Der Informationsgehalt des Textes war ein völlig anderer, als er erwartet hatte. Vielleicht konnte der Inhalt nicht verstanden werden, weil für das Verstehen erforderliche Vorkenntnisse fehlten. Oder der Text war belanglos, befand sich im Niveau unterhalb des eigenen Wissenstandes. Oder die eine Information, die man zu finden gehofft hatte, war nicht enthalten. Es wurde umsonst gelesen.

Die vollständige oder wahlweise Nutzung von 8 Schritten der angebotenen Lesesystematik erlaubt ein planvolles

Vorgehen bei der Bearbeitung jedweden Textes. Es wird stets nur so viel Zeit investiert, wie benötigt wird, das gewünschte Ergebnis zu erreichen. Dem Lesestoff wird nicht mehr Zeit gewidmet, als er es verdient. Je nach Ergiebigkeit und Bearbeitungsintensität werden ein, zwei oder mehr der acht Arbeitsschritte eingesetzt.

Die ersten drei der acht Arbeitsschritte der Lesesystematik, das »Blättern im Sekundentakt«, das »Schlüsselwortlesen« und die »Suchworttechnik« sind die wichtigsten der Lesestrategie 1 »Massen rationell sichten«. Das »Grafiken und Tabellen studieren« und der Lesearbeitsschritt »im Umfeld lesen«, der letztere wird auch »punktuelles Lesen« oder »selektives Lesen« genannt, führen häufig zum Schritt 6 »Lesen mit 150 bis 450 wpm« (wpm / words per minute / Wörter pro Minute) des gesamten Lesestücks, was stets am meisten Zeit kostet. Dabei kann die Aufnahmegeschwindigkeit genauen Lesens erheblich variieren, je nachdem welches Leseziel gesetzt wurde. Texte, welche die Arbeitsschritte 7 und 8, das »Exzerpieren« und »systematisch auswendig lernen« erfordern, eignen sich zumeist nicht für eine Bearbeitung mit Techniken des so genannten planvollen Nicht-Lesens.

In manchen Berufsgruppen werden vorwiegend »Schnipsel« gelesen, also zumeist sehr kurze Texte, aber oft mit Gewicht für die Arbeit. In dieser Leselage hat der Berufsverband oder die Redaktion der Fachzeitschrift bereits die Vorarbeit geleistet.

Lesestrategie 3 – Selbstkontrolle der Leseleistung

Daran erinnern sich die meisten Berufstätigen noch: Bis zum Examen ist jede »Leselage« auch eine »Lernlage« gewesen. Kontrolle fand zumeist als Fremdkontrolle statt. Der daraus resultierende Lernimpuls (jeder Text mußte quasi auswendig gelernt werden) bleibt manchmal bis ins fortgeschrittene

Berufsleseleben erhalten. Als nicht mehr bemerkte Lesehaltung drosselt der sich automatisch einstellende Lernimpuls die Aufnahmegeschwindigkeit genauen Lesens unangemessen. Es wird so gelesen, als ob man sich sämtliche Einzelheiten auf Anhieb merken müßte. Doch diese verstellen nicht selten den Blick für die wesentliche Aussage eines Lesestücks, die dann nicht verstanden wird. Zwar haben sich während der Lektüre viele Daten und Fakten im Kopf angesammelt. Dasselbe muß aber noch einmal gelesen werden, weil das unangenehme Gefühl bleibt, die Kernaussage sei nicht verstanden worden. Langfristig kann dadurch sogar die Lesesicherheit abhanden kommen.

Durch ein Verfahren, das mit wenig Aufwand auch autodidaktisch erlernt wird (der Autor nennt es »Methode Textbild«), lassen sich beachtliche Steigerungen der Aufnahmegeschwindigkeit genauen beruflichen Lesens erreichen. Texte werden inhaltlich in einzelne Bausteine und Symbole zerlegt, diese mit Pfeilen verbunden und auf einem Blatt Papier oder auf einer Karteikarte rasch und übersichtlich ins Bild gesetzt. Auf Dauer wird hierdurch das Lesen anders. Die »Textbilder« entstehen bereits während des Lesevorgangs im Kopf. Genaues Lesen wird meßbar schneller. Und im Verbund mit zusätzlichen indirekten Maßnahmen der Lesebeschleunigung wird, auch ohne ein Seminar oder eine Beratung, eine Verdoppelung oder sogar Verdreifachung der Leseleistung erreicht.

Das Beispiel eines berufstätigen, noch in der Ausbildung befindlichen Lesers mag dies verdeutlichen. In einem Lesetest für genaues herkömmliches Lesen wurden 180 wpm bei ihm gemessen. Er berichtete von seiner Lesenot. Komprimierte Vorlagen für Gespräche mußte er seinem Chef regelmäßig termingerecht abliefern. Es entstand immenser Lesedruck. In Wochenend- und Nachtarbeit las er neueste

Beiträge in der Zeitschrift »Die Wirtschaftsprüfung«. Dabei fühlte er sich sehr unsicher und hatte Sorge, Wichtiges zu übersehen, Grundsätzliches falsch zu verstehen.

Nach einer Leseberatung setzte er die Textbild-Methode sofort beruflich ein, um die Quintessenz seiner Lesearbeit erst einmal für sich selbst ins Bild zu setzen, bevor er die Zusammenfassungen für seinen Arbeitgeber schrieb. Problematische Lesestücke diskutierte er anhand seiner Textbilder gelegentlich mit Arbeits- oder Studienkollegen. Einige Wochen später berichtete er, daß er inzwischen wieder gelassener seine Lesearbeit verrichte. Er fühle sich wieder sicherer beim Lesen. Auch habe er den Eindruck, er komme dabei durchweg schneller voran. Mit einem anderen Text aus demselben Buch, das für den ersten Lesetest bei ihm eingesetzt worden war, wurde seine Aufnahmegeschwindigkeit noch einmal gemessen.

Das Ergebnis, 360 wpm, eine Verdoppelung der Lesegeschwindigkeit im Vergleich zum ersten Test bei gutem Textverständnis, interpretiert der Autor so: Das ist die tatsächliche Geschwindigkeit, mit der dieser Leser beruflich lesen kann, wenn er sicher liest.

Windeck-Wiedenhof, am Sitz des Vereins, im Oktober 2002

| Walter Uwe Michelmann | Diplom-Pädagoge |
| Ehrenamtlicher Vorstand der DGfbL e. V. |

Literatur:

(1) Tofern, Martin: »Achtung, fertig, lies!« In: Manager-magazin 2 / 1991
(2) Michelmann, R. & W. U.: Turbolesen. Lesebeschleunigung im Beruf – das Trainingsbuch Niedernhausen / Taunus 2001
(3) Michelmann, R. & W. U.: Effizient lesen. Wiesbaden 1995

TESTTEXT 2

(Quelle: R. und W. U. Michelmann: TurboLesen. Lesebeschleunigung im Beruf | Das Trainingsbuch; Niederhausen / Taunus 2001)

Evelyn Wood Reading Dynamics: Dynamisches Lesen | Schnell-Lesen | Turbo-Lesen

1969 berichtete ein deutsches Nachrichtenmagazin, die US-Amerikanerin Evelyn Wood habe in zwölfjähriger Forschungsarbeit ein System für »dynamisches Lesen« entwickelt, das heute (1969) in 120 US-Lese-Instituten und seit einem Vierteljahr auch in Deutschland gelehrt werde. In Frankfurt wurden an dem von Amerikanern eingerichteten »Institut für dynamisches Lesen« und in Berlin und München in Universitätsräumen Kurse des Frankfurter Instituts durchgeführt. Der Instituts-Direktor garantierte den Lesers des Magazins: »Wer bei uns nicht lernt, mindestens dreimal schneller zu lesen als vorher, bekommt sein Geld zurück. Diese Garantie ist ohne Risiko.«

Drei- bis zehnmal schneller versprachen wir den Volkshochschülern, die wir Anfang der 80er Jahre in einer Art Einzelunterricht in der Gruppe im »Dynamischen Lesen« zu schulen versucht hatten. Wir hatten Kursmaterial eingesetzt, das von einer Arbeitsgruppe der Ruhr-Universität Bochum erstellt worden war, in der wir damals Mitglied waren. In den Treffen der Leselehrer wurden Erfahrungen ausgetauscht und das Kursmaterial sollte stetig verbessert werden. Anläßlich eines solchen Treffens gerieten wir in Streit mit dem die Gruppe leitenden Hochschullehrer über die Frage, ob denn das Dynamische Lesen auch ohne den von uns heute so genannten Schwingfinger möglich wäre, wie jener damals behauptete.

Zudem hatten wir herausgefunden, daß die zehnfache Geschwindigkeit des herkömmlichen Lesens als Untergrenze sicheren Schnell-Lesens angesehen werden muß. Wir kamen zu keiner Einigung, trennten uns von der Gruppe und lehren seither das Schnell-Lesen: mit dem Schwingfinger und 2.400 wpm als Untergrenze.

Das Nachrichtenmagazin beschrieb plakativ, was mit dem Dynamischen Lesen damals möglich gewesen sei: »Ein besonders talentierter Schüler«, wurde berichtet, »der 23jährige Medizinstudent Ulrich Schulz, liest heute sogar 22mal schneller als noch vor drei Monaten. Und die ehemalige Medizinstudentin Ingrid Rahtgens, 28, jetzt ›Chief Instructor‹ des Frankfurter Instituts, bewältigt Pasternaks ›Doktor Schiwago‹ (640 Seiten) in anderthalb Stunden. Den dynamisch geschulten ›Düsenblicken‹ (Abendzeitung, München) entgeht bei der Blitzlektüre kaum ein Wort.«, beschrieb das Nachrichtenmagazin die Erfolgsbilanz der Wood-Methode.

Das Turbo-Lesen: Evaluation (wissenschaftliche Bewertung)

Eingangs der »Gebrauchsanweisung« zu dem Buch »TurboLesen« schreiben wir, daß wir eine US-amerikanische Methode der 50er Jahre (Evelyn Wood »Reading Dynamics«; Dynamisches Lesen) zu dem von uns Schnell-Lesen-Training genannten Individualkurs weiterentwickelt haben, daß wir das von uns so genannte Schnell- Lesen als Ergänzung lehren zu dem herkömmlichen Lesen, und daß damit ein berufliches Lesen (auch komplexer Fachtexte) mit mindestens zehnfacher Geschwindigkeit des üblichen Lesens möglich sei.

Wer davon noch nichts gehört oder gelesen hat, winkt zumeist ab. Darum auch haben wir an der genannten Textstelle sogleich den von uns gegründeten gemeinnützigen Verein und den Schirmherrn genannt. Wir wollen damit verhindern, daß Sie als beruflicher Leser vielleicht bereits an dieser Stelle aus der Lektüre aussteigen, weil Ihnen Ihre Zeit dazu zu schade ist, sich mit etwas zu befassen, dessen Unglaublichkeit auf den ersten Blick so augenscheinlich zu sein scheint. »Reading at impossible speeds« lautet auch der Titel eines 1969 die Wood-Methode beschreibenden Beitrags in der damals erscheinenden psychologischen Fachzeitschrift »Journal of Reading«. Wir wollten jedoch auf den Hinweis auf das von uns gelehrte Turbo-Lesen nicht verzichten, weil aus der Arbeit mit unseren Schnell-Lesen-Schülern unsere Kenntnisse und Erfahrungen stammen, die wir in der Arbeit für das berufliche Lesen einsetzen.

Auch hat der Autor, der 1994 das Geleitwort zu »Effizient lesen« schrieb, damit noch kein ›Gutachten‹, zu der Frage verfaßt, ob es möglich ist, mit zehnfacher

Geschwindigkeit präzise zu lesen. Ihn, in dessen Fach (der Kognitionspsychologie) die Leseforschung zu Hause ist, interessierten unter anderem unsere medizinisch-psychologischen Modelle, mit denen wir zu erklären versuchen, wieso es möglich ist, sogar mit vierzigfacher Geschwindigkeit des Üblichen präzise zu lesen. »Viele Dinge über das Lesen habe ich ganz neu gesehen«, schrieb er uns in das Geleitwort.

Doch auf Fragen von Journalisten oder Interessierten an unserer Arbeit, was denn er als Fachmann vom Turbo-Lesen halte, mußte auch er als Wissenschaftler stets zurückhaltend antworten – zum Beispiel, daß er in all den Jahren nichts Nachteiliges über uns gehört habe, so daß er annehme, daß unsere Arbeit am beruflichen Lesen ernst genommen werden könne.

Journalisten versuchen manchmal, seitdem unser erstes Buch erschienen ist, durch Recherchen auch andernorts Belege für unsere Aussagen zu finden. Dabei lassen sie sich gelegentlich von Zahlen beeindrucken, die sie in ihrem Aussagewert nur dann wirklich beurteilen könnten, wenn ihr Zustandekommen von ihnen nachgeprüft werden könnte. Wir haben das einmal an einem Beispiel selbst versucht, das wir in einem Nachrichtenmagazin gefunden haben.

Berichtet wird am 29.08.2000 von einer »Schlaumeier-Olympiade«. Die Britin Anne Jones habe »in der Disziplin Geschwindigkeitslesen ein 110 Seiten starkes Buch in 17 Minuten und drei Sekunden« verschlungen und würde »folglich für die Lektüre der gesamten Bibel nur knapp vier Stunden benötigen«. Mehr wird darüber nicht geschrieben, weitere Zahlen liefert der Zeitschriftenartikel nicht. Wir haben mit zwei Annahmen einmal nachgerechnet:

Annahme 1

Das Buch, das gelesen wurde, hat wenig Wörter auf der Seite, nehmen wir an: 240. Dann hat Anne Jones 110 mal 240, das sind 26.400 Wörter in 17 Minuten und 3 Sekunden gelesen. Daraus errechnet sich eine Lesegeschwindigkeit von 1.548 wpm.

Annahme 2

Das Buch, das gelesen wurde, hat vergleichsweise viele Wörter auf einer Seite, also vielleicht 400. Dann hat Anne Jones 110 mal 400 und damit 44.000 Wörter in 17 Minuten und 3 Sekunden gelesen. Das ergäbe eine Geschwindigkeit von 2.580 wpm.

Wir wissen nicht, welchen Umfang das angeführte aber nicht näher benannte »Testbuch« tatsächlich hatte. Aus diesem Grund ist der Bericht allein von daher ungeeignet, um für eine seriöse Bewertung des Ergebnisses in der »Disziplin Geschwindigkeitslesen» verwendet zu werden.

Wir haben zudem das von dem Redakteur hinzugezogene Beispiel »Bibel« nachgerechnet. Die Bibel hat (grob geschätzt) 980.000 Wörter. Ein Normalleser mit dem Naturtempo von 240 wpm könnte die Bibel in 68 Stunden einmal ganz lesen. Wenn Anne Jones zwischen 1.500 und 2.500 wpm schnell liest, wie wir soeben geschätzt haben, benötigte sie für eine Bibellektüre immerhin noch zwischen sechseinhalb (mit 2.500 wpm) und 11 Stunden (mit 1.500 wpm) – keinesfalls jedoch knapp vier Stunden, wie berichtet wird (unsere beiden Annahmen zugrunde gelegt).

Die angegebenen vier Stunden für die Bibellektüre würden eine Geschwindigkeit von 4.100 wpm bedingen. Davon ausgehend und auf das Testbuch zurückgerechnet müßten in diesem 69.700 Wörter auf 110 Seiten untergebracht sein. Das entspräche für das Testbuch dem äußerst ungewöhnlichen Satzspiegel von 630 Wörtern pro Seite.

Auch Journalisten, die bei ihren Recherchen renommierte Neurologen oder Psychologen mit unseren Ergebnissen konfrontieren, erhalten ausweichende Antworten: Menschen, die in unserem Individualkurs »Schnell-Lesen-Training« das Turbo-Lesen bei uns erlernt haben, lesen ihre Fachtexte je nach Schwierigkeitsgrad und Leseziel mit einer Geschwindigkeit zwischen 2.400 und 10.000 wpm. Wenn Journalisten die stets bemühten »Fachleute« »gefragt« haben: »Turbo-Lesen – geht das wirklich?«, werden danach manchmal von ihnen neuropathologische Phänomene mit unseren Beobachtungen in dem Schnell-Lesen-Training in gewagten Formulierungen zueinander in Beziehung gesetzt. Zum Beispiel wurde der »Schwingfinger«, der das Turbo-Lesen zusätzlich zu dem herkömmlichen Lesen »konditioniert« und für den Anwender beständig verfügbar macht, einem geachteten Universitätslehrer in den Mund gelegt: »Der Bonner Neurophysiologe Detlef Linke weiß, wie: Der Blick folgt einem Bewegungsreiz, der vom Zeigefinger ausgeht.«

Ein altgedienter Redakteur (ein Physiker) desselben Nachrichtenmagazins, das 1969 von der Wood-Methode als Bildungsneuheit berichtet hatte (daß »ein besonders talentierter Schüler … sogar 22mal schneller als noch vor drei Monaten« lesen gekonnt habe), ist nach wie vor auf der Suche nach einem Neurologen als Gutachter, den zu finden er uns als Bedingung nannte, als wir ihn vor Jahren mit unseren Messungen und Berechnungen konfrontierten und (vergeblich) versuchten, ihn dazu zu bewegen, sich als Wissenschaftsredakteur mit dem Turbo-Lesen zu befassen. Wir suchen diese Fachleute seit Jahrzehnten.

Und insofern irrt auch der Redakteur, dessen ansonsten freundlichen Rundfunkbeitrag wir an den Schluß des Buches »TurboLesen« gestellt haben, wenn er sagt: »Daß so ein hohes Tempo überhaupt möglich ist, darin sind sich die Fachleute heute einig.« Welche Fachleute, welchen Fachs, sind sich worüber einig? Die von Journalisten verwandten Fundstellen stammen zumeist von anderen Journalisten – und so fort. Eine wissenschaftliche Beurteilung, eine Evaluation, daß das Turbo-Lesen funktioniert, gibt es bis heute nicht.

Evaluation jedoch fordern die Menschen von uns, die sich mit uns auf das notwendig aufwendige Einzeltraining, das Turbo-Lesen zu erlernen, einlassen wollen. Wir müssen sie regelmäßig enttäuschen. Wir helfen uns damit, sie auf die Berichte in den Fachmedien unserer Turbo-Lesen-Schüler hinzuweisen. Die Anwenderberichte dort sprechen zwar Interessierte desselben Fachs an, sind jedoch, wie auch die persönlichen Gespräche mit unseren Ehemaligen, lediglich Referenzen unserer Arbeit.

Einem wissenschaftlichen Anspruch jedoch können diese »Beweise« nicht genügen. Unsere Turbo-Lesen-Schüler wissen also erst dann, daß das Turbo-Lesen funktioniert, wenn sie es sicher in ihrem Beruf anwenden.

Die meisten haben eine Hochschul(aus)bildung und wissen um die Schwierigkeit, Leseleistung insbesondere im Erwachsenenalter zu messen. Bevor jemand beurteilen, evaluieren könnte, ob zum Beispiel das Turbo-Lesen »Lesen« genannt werden darf, müßte erst noch ein Instrument hergestellt werden, mit dem valide (gültig) gemessen werden kann, ob jemand gelesen hat: Das Lesestück wird von dem Leser erfaßt und er kann den wesentlichen Inhalt wiedergeben. Dieses Meßinstrument existiert bisher nicht – mit dem zu messen wäre, ob das Ergebnis den an einen Lesevorgang zu stellenden Minimalanforderungen entspräche.

Diesen Mangel beklagte 1990 die »Stiftung Lesen« in einem Forschungsgutachten für das Bundesministerium für Bildung und Wissenschaft. Die Stiftung wirft den Forschern vor, es mangele ihnen an wissenschaftlichem Vorgehen, wenn sie vorgeben, die Leseleistung zu messen. Operiert werde mit einer wenig fundierten Definition des Verständnisbegriffs: Leseverständnis sei gleichzusetzen mit der richtigen Beantwortung von Testfragen.

Ob jemand einen Text gelesen und verstanden hat (und nur dann hat er ihn gelesen) kann selten aufgrund der Anzahl richtig beantworteter Testfragen beurteilt werden. Wir beschreiben erzählen regelmäßig folgendes Beispiel: Zwei Studierende der Psychologie hatten Testfragen zu einem Aufsatz, die sich auf unwesentliche Details bezogen, zu 100 Prozent richtig beantwortet, den wesentlichen Gedankengang des Lesestücks jedoch nicht erfaßt.

Es handelte sich bei dem Testtext um eine Seminararbeit in (ihrem) Fach, der Psychologie, welchen die beiden Studenten in seiner Hauptaussage nicht verstanden hatten. Der Inhalt, wie auch die Fragen zu dem Text, traf auf ihr Studienwissen, so daß der berechtigte kritische Einwand, den 1990 die »Stiftung Lesen« bezüglich solcher »Verständnisfragen« im Allgemeinen erhebt, auf den von uns dargestellten Fall nicht einmal zutrifft, weil der Inhalt des Lesestücks auf vorhandenes »Vorwissen« traf.

»Außer einer rohen operationalen Definition (Leseverständnis = richtige Beantwortung der Testfragen) findet man keine wissenschaftliche Auseinandersetzung mit dem komplexen Verständnisbegriff. Das Vorwissen und sein richtiger

Gebrauch, zwei der wichtigsten Determinanten guten Lesens, werden bis jetzt in den Leseverständnistests weder vorerhoben noch als Lesermerkmal erfaßt, da die üblichen kurzen Passagen sinnvolle Beziehungen zwischen Vorwissen und Leseverständnis erst gar nicht entstehen lassen«

Komplexe Testverfahren wären also erforderlich, Leseleistungen im Erwachsenenalter zu messen und zu vergleichen. Dabei wären die Mindestgütekriterien zu erfüllen, die als Anforderung an solche Verfahren der empirischen Wissenschaften generell zu richten sind: Objektivität (Intersubjektivität), Validität (Gültigkeit) und Reliabilität (Zuverlässigkeit) der Testverfahren. Objektivität bedeutet vereinfacht, daß jeder beliebige Versuchsleiter in der Lage sein müßte, die Tests durchzuführen. Validität heißt Gültigkeit und meint, daß der Test auch tatsächlich das mißt, was er zu messen vorgibt. Jemand, der zum Beispiel ein Buch, das er lediglich einmal durchgeblättert hat, mit Chuzpe und Allgemeinwissen referiert – hat er das Buch gelesen? Ein Testverfahren, wenn es valide ist, müßte beispielsweise so gestaltet sein, daß mit ihm gemessen werden könnte, was aus dem Vorwissen des Lesers stammt, was unter »rhetorischer Fähigkeit« einzuordnen und was als Leseergebnis zu werten wäre. Wenn es gelänge, das Leseergebnis herauszufiltern, bedürfte es als nächstes der Entwicklung von Verfahren der Evaluation zum Zwecke des Vergleichs verschiedener Leseleistungen: intrapersonell, Vergleiche zwischen den Leseleistungen ein und derselben Person und auch interpersonell, Vergleiche der Leseleistungen verschiedener Leser.

Dann auch wäre die Evaluation der Leseleistung mit unterschiedlichen Leseverfahren möglich. Doch eine solche Testapparatur herzustellen würde sicherlich einen nicht unerheblichen Aufwand erfordern, den wir bisher noch nicht leisten konnten.

In dem Schnell-Lesen-Training verlassen wir uns darum auf die Aussagen unserer Schüler. Wenn sie in Geschwindigkeiten zwischen 2.400 und 10.000 wpm lesen und ihre Lesestücke verstehen, dann sagen sie es uns. Wir begleiten sie dann noch dabei, wenn sie es wünschen, die neue, zusätzlich zu dem herkömmlichen Lesen erlernte Fertigkeit in ihrem Beruf sicher anzuwenden.

Literatur

aus der wir zitieren – nicht zum besseren Lesen

FRY, RON: Improve your reading. Hawthorne NJ, USA 1991

FUNKKOLLEG Psychobiologie. DIFF, Tübingen 1986, Studienbegleitbrief 4

GRÜSSER, O.-J. und GRÜSSER-CORNEHLS, U.: Physiologie des Sehens. In: Robert F. Schmidt, (Hrsg.): Grundriß der Sinnesphysiologie. Heidelberg 1985

GRÜSSER, O.-J.: Gesichtssinn und Oculomotorik. In: Robert F. Schmidt und Gerhard Thews (Hrsg.): Physiologie des Menschen. Heidelberg 1977

HABERMANN, Günther: Stimme und Sprache. Stuttgart, New York 1986

HETTINGER, THEODOR / KAMINSKY, GERHARD / SCHMALE, HUGO: Ergonomie am Arbeitsplatz. Ludwigshafen 1976

HÜLSHOFF, FRIEDHELM / KALDEWEY, RÜDIGER: Training Rationeller lernen und arbeiten. Stuttgart 1990

INSTITUT FÜR DYNAMISCHES LESEN: Werbebroschüre. Frankfurt am Main 1971

KUCHLING, HORST: Physik Formeln und Gesetze. Leipzig 1974

KUNZ, MARTIN: 400 Seiten in 40 Minuten. In: FOCUS, 40 / 1993

KURATORIUM GUTES SEHEN: Rund um Auge und Brille. (Broschüre) Köln; Frankfurt am Main 1988

LEITNER, SEBASTIAN: So lernt man lernen. Freiburg im Breisgau 1991

McLAUGHLIN, G. H.: Reading at »impossible« speeds. In: Journal of Reading 12, S. 449–510, 1969

MUMENTHALER, MARCO: Neurologie. Stuttgart, New York 1990

OLIVETTI: Ergonomie und Olivetti BUCH 1 (Broschüre). Mailand 1984

ROBINSON, FRANCIS P.: Effektive Study. New York 1961
SCHILLING, MARGRET: Rasante Lektüre. In: STERN 23 / 1987
SCHMALE, HUGO: Psychologie der Arbeit. Stuttgart 1983
SILBERNAGL, STEFAN / DESPOPOULOS, AGAMEMNON: Taschenatlas der Physiologie. Stuttgart 1979
SMITH, PETE: Wer fleißig trainiert, liest L'Etranger in viereinhalb Minuten. In: Ärzte Zeitung, 68 / 1990
VANECEK, ERICH: Beurteilung der Güte von Tests, die die Lesefähigkeit bei Kindern, Jugendlichen und Erwachsenen messen. In: Materialien der Stiftung Lesen zur Leseförderung und Leseforschung 2, Lesen im internationalen Vergleich. Mainz 1990
WATZLAWICK, PAUL / BEAVIN, JANET H. / JACKSON, DON D.: Pragmatics of Human Communication. New York 1967
WATZLAWICK, PAUL / WEAKLAND, JOHN H. / FISCH, RICHARD: Change. New York 1974
WOOD, EVELYN: How to read faster and better. New York 1981

REGISTER